V&R

Handlungskompetenz im Ausland

herausgegeben von
Alexander Thomas, Universität Regensburg

Vandenhoeck & Ruprecht

Stefan Schmid
Alexander Thomas

Beruflich in Großbritannien

Trainingsprogramm für Manager, Fach- und Führungskräfte

2., überarbeitete Auflage

Vandenhoeck & Ruprecht

Die 11 Cartoons hat Jörg Plannerer gezeichnet.

Bibliografische Information Der Deutschen Bibliothek

Die Deutsche Bibliothek verzeichnet diese Publikation in der Deutschen Nationalbibliografie; detaillierte bibliografische Daten sind im Internet über <http://dnb.ddb.de> abrufbar.

ISBN 3-525-49157-7

Weitere Ausgaben und Online-Angebote sind erhältlich unter: www.v-r.de

Satz: Satzspiegel, Nörten-Hardenberg
Umschlag: SchwabScantechnik, Göttingen
Druck und Bindung: ⊕ Hubert & Co. GmbH & Co. KG, Robert-Bosch-Breite 6, D-37079 Göttingen

Gedruckt auf alterungsbeständigem Papier.

■ Inhalt

■ Vorwort

Vor mehr als zehn Jahren erschien die erste Auflage von »Beruflich in Großbritannien« und damit wurde es höchste Zeit für eine Überarbeitung, zum einen, um neuen Entwicklungen Rechnung zu tragen, und zum anderen, um die Erkenntnisse aus einer Vielzahl von Beratungs- und Trainingsprojekten in dieses Buch einfließen zu lassen.

Doch hat sich wirklich etwas verändert in den deutsch-britischen Beziehungen? Zuerst fällt auf, wie vieles gleich geblieben ist: Nach wie vor sind die wirtschaftlichen Verflechtungen der beiden Länder sehr eng. Von keinem Land importiert das Vereinigte Königreich mehr Produkte, deutsche Autohersteller freuen sich über einen Marktanteil von 30 % – hauptsächlich, weil technischen Produkten aus Deutschland immer noch eine hohe Qualität nachgesagt wird. Nach wie vor kann man sich darauf verlassen, dass manche Passanten auf die Frage, was ihnen zu Deutschland einfällt, »Hitler« sagen. Und die deutsche Fußballnationalmannschaft hält nach wie vor den Status eines Angstgegners für das englische Team.

Es zeichnen sich aber auch bemerkenswerte Veränderungen ab: Als die renommierte Zeitschrift »The New Statesman« im Jahr 2013 »Why can't we be more like Germany« titelte, eröffnete sie einen Reigen in den britischen Medien, der sich darum dreht, was die Briten von den Deutschen lernen könnten und müssten (neben Elfmeterschießen), um sich gesellschaftlich, politisch und wirtschaftlich weiterzuentwickeln. Insgesamt scheint das Deutschenbild der Briten nicht zuletzt seit der Fußballweltmeisterschaft 2006 – bei der viele Briten Deutschland besuchten – positiv beeinflusst zu sein.

Der Fokus dieses Buchs liegt jedoch darauf, Ihnen dabei zu

helfen, die deutsch-britischen Beziehungen auf der Mikroebene, also in dem alltäglichen persönlichen Kontakt, günstig zu gestalten. Dazu sind viele neue Situationen in das Buch eingearbeitet worden, auch diese basieren wieder auf authentischen Beispielen – wie auch in der ersten Auflage. Daher werden selbst Leser der ersten Auflage neue Facetten und Problemkonstellationen der deutsch-britischen Zusammenarbeit entdecken.

Gerade im deutsch-britischen Zusammenhang – wo wir doch so viel übereinander wissen – drängt sich zunächst bei Missverständnissen oder unterschiedlichen Herangehensweisen nicht unbedingt die Erklärung auf, Probleme könnten an unterschiedlichen kulturellen Werten und Normen liegen, sondern man wundert sich eher über das kuriose Verhalten des Gegenübers.

Dieses Buch hat zum Ziel, den Leser dafür zu sensibilisieren, wo Deutsche kulturelle Unterschiede in der Zusammenarbeit und im Zusammenleben mit Briten erleben. Es will Verständnis dafür schaffen, wie sich diese Unterschiede historisch entwickelt haben könnten, und dazu anregen, das eigene Verhalten in der Zusammenarbeit mit Briten auf den Prüfstand zu stellen, um mit neuem Wissen so manche Situation anders zu bewerten und anzugehen.

Dieses Training setzt sich aus einer Vielzahl von Situationen zusammen, die Missverständnisse zwischen Deutschen und Engländern illustrieren. Die Situationen sind nicht konstruiert, sondern wurden im Rahmen einer Forschungsarbeit an der Universität Regensburg in umfangreichen Interviews mit Deutschen, die in England leb(t)en, erhoben. Die weitere Analyse der Situationen erfolgte durch ein Team von Experten, die profunde Kenner beider Länder sind, und deren Perspektiven aus unterschiedlichen Fachdisziplinen (Politologie, Soziologie, Geschichte, Anglistik etc.) bildeten die Grundlage für Erklärungen der Situationen und die kulturhistorischen Herleitungen der kulturellen Divergenzen.

Grundsätzliches zur Verwendung des Buchs:

1. Die englische Kultur ist natürlich viel komplexer als in diesem Buch dargestellt. Lehren und Lernen bedeutet immer ein Reduzieren der Sachverhalte, um deren Aufnahme zu erleichtern. Deswegen fassen Sie bitte die hier vorgestellten Kulturstandards als ein Rahmengerüst auf, das nicht alles erklären kann/soll und von Ihnen im Laufe eines Englandaufenthalts

mit eigenen Erfahrungen ergänzt und verfeinert werden kann. Die Kulturstandards sollen Ihnen helfen, den Fokus zu erweitern auf Motive, die Sie zuvor nicht gesehen haben, sollen Sie aber nicht einschränken, alles nur noch unter diesen Aspekten zu betrachten – auch Briten sind verschieden.

2. Für erfolgreiches Handeln in einer anderen Kultur ist sowohl das Wissen um das Fremde wie auch um das Eigene unverzichtbar. Konzentrieren Sie sich deswegen nicht nur auf das Erlernen englischer Werte und Normen, sondern reflektieren Sie auch Ihre eigenen und deren Wirkung auf Briten.

3. Wenn Sie in diesem Trainingsprogramm feststellen, dass auf der Insel einiges anders läuft, als Sie es aus Deutschland gewohnt sind, kann dies zunächst verunsichern. Nutzen Sie diese Verunsicherung als Motivation, sich intensiv auf die Umstellung vorzubereiten.

Stefan Schmid
Alexander Thomas

PLANNERER

■ Einführung in das Training

■ Englisch zu sprechen heißt nicht, Briten zu verstehen

Nimmt man den Fokus der Schulausbildung als Maßstab, weiß die Mehrheit der Deutschen über kaum ein anderes Land so gut Bescheid wie über Großbritannien. Kaum eine andere Nation genießt im deutschen Schulwesen so viel Aufmerksamkeit. Jeder Schüler setzt sich mindestens fünf Jahre mit dem Erlernen der englischen Sprache auseinander, lernt Details über Literatur, Kultur, Politik, Gebräuche, kurz, beschäftigt sich über Jahre hinweg mit Land und Leuten. Bobbys, rote Telephonzellen und Linksverkehr werden genauso selbstverständlich mit der Insel assoziiert wie das Königshaus, Tee oder das (vermeintlich) schlechte Wetter.

Eine Vielzahl an Austauschprogrammen auf Schul- und Universitätsebene bieten neben Sprachkursen im Land einer großen Zahl junger Deutscher die Möglichkeit, England »hautnah« und nicht nur im Unterricht zu erleben.

Auch von einem historischen Standpunkt aus betrachtet gibt es eine Reihe von Berührungspunkten zwischen den beiden Ländern, die manchen sogar als Rechtfertigung erscheinen, von »Vettern« und »Cousins« zu sprechen. Seien es die gemeinsamen Vorfahren Angeln, Sachsen und Jüten oder die »deutsche Vergangenheit« der englischen Königsfamilie – es scheint so, als ob die Vielzahl verbindender Elemente und umfassender Kenntnisse über Sprache und Sitten das Überbrücken von Differenzen erleichtern müsste.

Zweifel an leicht überwindbaren Meinungsverschiedenheiten mögen aufkommen, wenn man das politische Parkett Europas der letzten Jahre betrachtet und dabei die Rollen in Betracht zieht, die beide Länder dabei spielten. Hier präsentieren sich die Briten aus deutscher Sicht häufig als sture Eigenbrötler, die im europäischen Einigungsprozess eher als Bremser fungieren, während die Briten tatsächlich ihre nationale Unabhängigkeit und Identität durch einen Zusammenschluss der europäischen Staaten bedroht sehen. An Verständnis für die Position des jeweiligen Gegenübers scheint es eher zu mangeln.

Bemühungen wie das Chequers-Seminar 1990, bei dem sich die damalige Premierministerin Margaret Thatcher mit einer Gruppe von Historikern traf, um anlässlich der bevorstehenden Wiedervereinigungen über die Licht- und Schattenseiten des deutschen »Nationalcharakters« zu diskutieren, verstärken zusätzlich den Eindruck, dass trotz aller Bemühungen in den Bildungssystemen gerade in Bezug auf kulturelle Unterschiede zwischen Großbritannien und Deutschland noch Klärungsbedarf besteht.

Dies wirft natürlich auch die Frage auf, wie solche etwaigen Unterschiede die Interaktionen zwischen Menschen beider Länder jenseits der Politik beeinflussen und unter Umständen sogar beeinträchtigen. Im Rahmen der europäischen Integration und einer zunehmenden Globalisierung der Wirtschaft wird der interkulturelle Kontakt inzwischen für immer mehr Menschen aus beiden Ländern bedeutsam.

Die interkulturelle Psychologie hat eine Reihen von Methoden entwickelt, kulturelle Unterschiede zu beschreiben und in Form von Trainings zu vermitteln, um so Leben und Arbeiten in Kulturen mit anderen Werten und Normen zu erleichtern. Eines der erfolgreichsten Trainingswerkzeuge ist der sogenannte Culture Assimilator, und zu dieser Gattung gehört auch das hier vorgestellte Trainingsprogramm.

■ Was bedeutet in diesem Zusammenhang »Kultur«?

Schon von frühesten Kindesbeinen an lernen wir die Regeln und Gesetze unserer materiellen, aber auch unserer sozialen Umwelt. Wir begreifen also nicht nur, dass man sich an einer Kerze verbrennt, sondern wir werden von den Eltern angeleitet, wie man sich bei Tisch benimmt, wie man sich wäscht und kleidet, oder wie man sich Unbekannten gegenüber verhält. Alle diese Normen hören und sehen wir irgendwann zum ersten Mal, durch ihr tägliches Wiederkehren werden sie uns jedoch sehr schnell selbstverständlich, und wir setzen sie automatisch auch bei anderen voraus.

Dies erleichtert das alltägliche Leben ungemein, denn »man weiß einfach« wie bestimmte Vorgänge abzulaufen haben, ohne dass man sie täglich immer neu erfinden müsste. Wenn wir uns zum Beispiel in Deutschland entscheiden, mit dem Zug zu fahren, gehen wir zum Bahnhof, kaufen uns eine Fahrkarte und nehmen an, dass der Zug ungefähr um die Zeit abfährt wie im Fahrplan angegeben. Dies haben wir schon oft so erlebt und deshalb erwarten wir es so.

Natürlich gibt es Ausnahmen und Abweichungen von diesen Regeln – der Zug kann viel zu spät kommen, und es gibt wohl auch Personen, die sich keine Fahrkarte kaufen würden. In der Mehrzahl der Fälle ist es jedoch realistisch anzunehmen, dass die Regeln, nach denen ich mich verhalte, mit denen meiner Mitmenschen zu einem großen Teil übereinstimmen. Meistens schätze ich also das Verhalten anderer zutreffend ein und habe selbst das Gefühl, verstanden zu werden.

Durch diese miteinander geteilten Regeln reduziert sich die Wahrscheinlichkeit von Missverständnissen, wir finden uns leicht zurecht, sind orientiert. Diese Regeln sind also nicht willkürlich, sondern haben sich in unserer Gesellschaft im Laufe der Zeit als hilfreiche und vorteilhafte Lösung zu bestimmten Aufgaben entwickelt.

Unter Kultur versteht man ein System aus Normen und Regeln, das für eine Gesellschaft typisch ist und von deren Mitgliedern geteilt wird. Dieses System hat sich aus Anforderungen entwickelt, die sich dieser Gesellschaft stellen und gestellt haben. Kultur beeinflusst das Wahrnehmen, Denken, Werten und Handeln jedes Einzelnen und schafft als Orientierungssystem den Rahmen für eine effektive individuelle Umweltbewältigung (nach Thomas, 1996).

Um die typischen Bauteile einer Kultur erfassen, beschreiben und vermitteln zu können, wurde das Konzept der Kulturstandards entwickelt. Kulturstandards sind die von den in einer Kultur lebenden Menschen untereinander geteilten Maßstäbe zur Ausführung und Beurteilung von Verhaltensweisen. Kulturstandards sind also die zentralen Kennzeichen einer Kultur und bieten ihren Mitgliedern Orientierung für das eigene Verhalten. Sie ermöglichen zu entscheiden, welches Verhalten als normal, typisch und akzeptabel anzusehen und welches Verhalten abzulehnen ist.

Kulturstandards dürfen nicht als absolute Norm innerhalb einer Kultur verstanden werden, sondern es treten individuell verschiedene Interpretationen der Kulturstandards auf. Diese Schwankungen und Abweichungen werden in einem gewissen Rahmen von den Mitgliedern der Gesellschaft toleriert.

■ Warum ist interkulturelles Lernen notwendig und ein Trainingsprogramm hilfreich?

Regeln und Normen sind nicht überall auf der Welt gleich, sondern können sich von Land zu Land, von Region zu Region, ja selbst von Gruppe zu Gruppe unterscheiden. Ebenso gelten bestimmte Regeln natürlich regionen- und länderübergreifend (z. B. ein Rock als weibliche Kleidung) oder fast überall auf der Welt (z. B. Geld als Zahlungsmittel).

Treffen nun Menschen verschiedener Kulturen zusammen, so werden sich deren Werte und Normen bis zu einem gewissen Grad überlappen, jedoch auch Unterschiede aufweisen. Unser Werte- und Normensystem wird im Kontakt zu Personen aus einer anderen Kultur zum Hemmnis: Der alltägliche, unbewusste Gebrauch unserer Regeln führt dazu, dass wir sie auch unwillkürlich im Kontakt mit Personen anwenden, die aus einer anderen Kultur stammen und auf ein anderes Werte- und Normensystem zurückgreifen.

Unsere gewohnten Verhaltensweisen werden von den anderen teilweise nicht oder falsch verstanden, wir begreifen manche Handlungen unseres Gegenübers nicht und bewerten sie nach unseren kulturell geprägten Vorstellungen. Das eigene Orientierungssystem aus Regeln und Normen ist für solch eine Konstellation unzulänglich, man greift jedoch unwillkürlich – und in Ermangelung eines anderen – immer wieder darauf zurück.

Ziel und Aufgabe des Trainingsprogramms ist es, Deutsche, die mit Briten beruflich zu tun haben, für kulturelle Unterschiede zu sensibilisieren, ihnen das Verstehen dieser Verschiedenheit zu erleichtern und Wege aufzuzeigen, wie sie überbrückt werden können. Das Trainingsprogramm will englische Kulturstandards vermitteln. Es soll helfen, die Zeit anfänglicher Irritationen im Umgang mit Geschäfts- und Gesprächspartnern von der Insel möglichst kurz zu halten und den Aufbau eines Orientierungssystems zu fördern.

■ Hinweise für die Bearbeitung des Trainingsmaterials

Die Culture Assimilator-Trainingsmethode wurde in den USA entwickelt. Dieses Trainingsprogramm basiert jedoch auf deutschen Forschungsergebnissen. Es setzt sich aus einer Vielzahl an Situationen zusammen, die Missverständnisse zwischen Deutschen und Briten illustrieren.

Das Trainingsprogramm ist für das individuelle Lernen konzipiert. Dem Lernenden werden zu jeder der dargestellten Situation vier unterschiedlich zutreffende Erklärungsmöglichkeiten (Deutungen) angeboten. Er soll nun jede dieser Alternativen dahingehend einschätzen, ob sie die Situation treffend erklärt. Anschließend erhält der Benutzer Rückmeldungen zu den Erklärungen und kann feststellen, inwieweit seine Annahmen zutreffen. Zu bestimmten Situationen wird abschließend eine Handlungsalternative als Lösungsstrategie angeboten. Darüber hinaus werden verschiedene Situationen je nach zugrundeliegenden Werten und Normen zu einem Kulturstandard zusammengefasst und abschließend in den gesamtkulturellen Zusammenhang gestellt (kulturelle Verankerung).

Das Programm besteht insgesamt aus acht Trainingsabschnitten, die ersten sieben vermitteln die Kulturstandards, im achten erfolgt eine Rekapitulation mit Situationen, die verschiedene Kulturstandards widerspiegeln. Die einzelnen Situationen und Trainingsabschnitte bauen aufeinander auf, so dass sich eine sukzessive Bearbeitung des Programms empfiehlt. Am Ende des Trainingsprogramms findet sich eine Übersicht der Kulturstandards und eine kommentierte Literaturliste zur englischen Kultur.

Wir wünschen Ihnen viel Spaß und Erfolg bei der Bearbeitung.

PLANNERER

■ Themenbereich 1:
Selbstdisziplin

■ Beispiel 1: Nimm dir einen Keks

■ Situation

Frau Herwig lebte seit einem halben Jahr in England und hatte nun englische Freunde zu sich eingeladen. Sie stellte für ihre Gäste eine Schale mit Keksen auf den Tisch, bemerkte jedoch nach einer Weile, dass sich niemand bediente. Sie forderte also ihre Freunde auf, ruhig zuzugreifen, was diese dann auch taten. Allerdings stand die Schale mit den Keksen bald darauf wieder unbeachtet auf dem Tisch. Erneut forderte Frau Herwig ihre Gäste auf, doch von den Keksen zu nehmen, was diese nun wiederum taten.

Warum bedurfte es immer wieder einer erneuten Aufforderung? Ihre Freunde in Deutschland bedienten sich doch auch selbst.

– Lesen Sie nun die Antwortalternativen nacheinander durch.
– Bestimmen Sie den Erklärungswert jeder Antwortalternative für die gegebene Situation und kreuzen Sie ihn auf der darunter befindlichen Skala entsprechend an. Es ist möglich, dass mehrere Antwortalternativen den gleichen Erklärungswert besitzen.

■ Deutungen

a) Ihre englischen Freunde fänden es unhöflich, sich einfach gehen zu lassen und sich bei den Keksen zu bedienen.

sehr	eher	eher nicht	nicht
zutreffend	zutreffend	zutreffend	zutreffend

b) Kekse werden in England nur zum Tee gegessen und nicht zu anderen Tageszeiten. Frau Herwigs Freunde sind zu wohlerzogen, ihr dies zu sagen.

| sehr zutreffend | eher zutreffend | eher nicht zutreffend | nicht zutreffend |

c) Die Freunde mögen die Kekse nicht, sind aber zu taktvoll, dies zu sagen.

| sehr zutreffend | eher zutreffend | eher nicht zutreffend | nicht zutreffend |

d) In Großbritannien gibt es kein Verständnis im Sinne von »fühle dich bei mir wie zu Hause«. Dort gilt eher »my home is my castle« und deswegen übt sich jeder Gast in größter Zurückhaltung.

| sehr zutreffend | eher zutreffend | eher nicht zutreffend | nicht zutreffend |

– Versuchen Sie, Ihre Einstufung jeder Antwortalternative zu begründen. Halten Sie die Begründung in schriftlicher Form stichpunktartig fest.
– Lesen Sie nun die Erläuterungen zu jeder Antwortalternative durch und vergleichen diese mit Ihren eigenen Begründungen.

■ Bedeutungen

Erläuterung zu a):
Es gehört zu der englischen Grundvorstellung von Höflichkeit, dass man die eigenen Bedürfnisse und Wünsche zu kontrollieren und verbergen vermag. Dahinter steht die Idee, sich selbst nicht so wichtig zu nehmen und dadurch eventuell andere nicht unfairerweise zu benachteiligen. Briten empfinden es also tatsächlich als unhöflich, wenn man sich als Gast selbst bedient, auch wenn man dazu vom Gastgeber schon einmal aufgefordert wur-

de. Es wird erwartet, dass der Gastgeber immer wieder dazu auffordert. Wenn man gar zu einem richtigen »dinner« geladen ist, so hat man dann selbstverständlich mit dem Nachschlag darauf zu warten, bis der Gastgeber diesen anbietet und austeilt.

Erläuterung zu b):
Biscuits oder Cookies werden hauptsächlich zum Tee gegessen, aber nicht ausschließlich. Die Vorlieben sind durchaus individuell verschieden und keine kulturelle Norm »verbietet« das Verspeisen von Keksen zu anderen Gelegenheiten.

Erläuterung zu c):
Diese Erklärung ist nicht völlig abwegig, denn es ist natürlich möglich, dass Frau Herwig bei der Auswahl der Kekse eine unglückliche Hand hatte und ihre englischen Gäste sie nun nicht bloßstellen wollten. Die Häufung vergleichbarer Situationen im deutsch-englischen Kontakt lässt jedoch eine andere Erklärung (als deutsche Unkenntnis über englische Keks-Vorlieben) wahrscheinlicher erscheinen.

Erläuterung zu d):
Die besondere Bedeutung der Privatsphäre und damit auch des eigenen Wohnraums teilen die Briten weitgehend mit den Deutschen. Die Tatsache, dass sie als Gäste eine noch größere Zurückhaltung an den Tag legen als dies in Deutschland der Fall wäre, muss also andere Ursachen haben.

◼ Beispiel 2: Geburtstagswünsche

◼ Situation

Frau Mühle war nun schon mehrere Monate mit ihrem englischen Freund Gavin zusammen. Sie hatte inzwischen seine Eltern kennengelernt und verstand sich auch auf Anhieb gut mit ihnen. Bei ihren Besuchen in Gavins Familie wurde sie stets ausgesprochen freundlich aufgenommen. Zweifel an der Aufrichtigkeit dieser Freundlichkeit kamen ihr, als sie zum Geburtstag eine Karte mit dem Aufdruck »Alles Gute« bekam, auf der nichts anderes stand als die Unterschriften der Gratulanten.

Warum hatte sich die Familie nicht wenigstens ein bisschen mehr Mühe gegeben?

– Lesen Sie nun die Antwortalternativen nacheinander durch.

– Bestimmen Sie den Erklärungswert jeder Antwortalternative für die gegebene Situation und kreuzen Sie ihn auf der darunter befindlichen Skala entsprechend an. Es ist möglich, dass mehrere Antwortalternativen den gleichen Erklärungswert besitzen.

■ Deutungen

a) Dies könnte ein unterschwelliges Zeichen dafür sein, dass die Eltern die Verbindung zwischen Frau Mühle und ihrem Sohn nicht billigen.

| sehr zutreffend | eher zutreffend | eher nicht zutreffend | nicht zutreffend |

b) Deutsche werden in England als sehr distanziert wahrgenommen; dem wollten sich die Eltern anpassen.

| sehr zutreffend | eher zutreffend | eher nicht zutreffend | nicht zutreffend |

c) Glückwunschkarten haben in England nur diesen formalen Charakter.

| sehr zutreffend | eher zutreffend | eher nicht zutreffend | nicht zutreffend |

d) Zusätzliche Glückwünsche wären den Eltern einfach zu überschwänglich gewesen.

| sehr zutreffend | eher zutreffend | eher nicht zutreffend | nicht zutreffend |

– Versuchen Sie, Ihre Einstufung jeder Antwortalternative zu begründen. Halten Sie die Begründung in schriftlicher Form stichpunktartig fest.

– Lesen Sie nun die Erläuterungen zu jeder Antwortalternative durch und vergleichen diese mit Ihren eigenen Begründungen.

■ Bedeutungen

Erläuterung zu a):
Es kann in diesem Fall nicht völlig ausgeschlossen werden, dass die Eltern Frau Mühle auf indirekte Weise zu verstehen geben wollten, dass sie über die Liaison mit ihrem Sohn nicht glücklich sind. Dagegen spricht aber, dass Frau Mühle sonst nie Ablehnung bemerkt hatte. Eine andere Antwort bietet eine wahrscheinlichere Erklärung.

Erläuterung zu b):
In England stößt man tatsächlich hin und wieder auf die Vorstellung, dass Deutsche besonders ernst und vielleicht auch etwas steif sind. Dieses Stereotyp hat allerdings auf die vorliegende Situation keinen Einfluss, denn die Eltern von Frau Mühles englischem Freund hätten eine Karte genau in diesem Stil auch an eine Engländerin geschrieben.

Erläuterung zu c):
Allem Anschein nach hat Frau Mühle noch kein Weihnachten in England erlebt, denn zu diesem Anlass werden wahre Massen solcher Karten verschickt, sei es an Verwandte, Freunde oder gar Nachbarn, mit denen man sonst nicht viel zu schaffen hat. Hocherfreut ist man dann, wenn man selbst möglichst viele dieser Gruß- und Glückwunschkarten erhält, die teilweise nicht einmal unterschrieben sind. Es trifft den Sachverhalt jedoch nicht ganz, wenn man davon ausgeht, dass die Karten nur formalen Charakter besitzen. »It is the thought which comes« – der Gedanke zählt, und dieser ist auch an einer vorgedruckten Postkarte zu erkennen. Diese Antwort klärt allerdings nicht, warum die Engländer bei Personen, die sie besser kennen, nicht noch ein paar persönliche Worte anfügen.

Erläuterung zu d):

Frau Mühles große Enttäuschung rührt daher, dass sich die Eltern ihrer Meinung nach nicht die Zeit genommen haben, ein paar persönliche Wünsche auf die Karte zu schreiben. Den Eltern ging es darum, Frau Mühle zu zeigen, dass sie an ihren Geburtstag gedacht haben. Darüber hinausgehende Glück- und Segenswünsche fänden gerade Briten der älteren Generation zu überschwänglich und pathetisch. Über diese Konstellation hinausgehend ist in England insgesamt eine größere Zurückhaltung beim emotionalen Ausdruck zu erleben, wenn es sich um starke Gefühle wie Zuneigung, Ärger oder Ablehnung handelt.

■ Beispiel 3: Der Feueralarm

■ Situation

Frau Rapp war in England vor einer Woche in das Gästehaus der Universität Royal Holloway eingezogen, da sie dort ihre Dozentenstelle angetreten und noch keine Wohnung gefunden hatte. Nun stand sie schon zum zweiten Mal morgens um 5.00 Uhr im Schlafanzug vor dem Haus. Der Grund: falscher Feueralarm. Als dies in den nächsten Wochen häufiger vorkam, wurde sie zunehmend wütend und suchte Unterstützung bei ihren englischen Mitbewohnern. Sie wollte sich beschweren und andere Rauchmelder fordern. Doch die Briten schienen sich nicht so zu ärgern, und sie fand kaum Zustimmung, eher Gleichgültigkeit. Ihr war das ein Rätsel und allen anderen Deutschen auch!

Wie konnten die Briten so gelassen bleiben?

– Lesen Sie nun die Antwortalternativen nacheinander durch.
– Bestimmen Sie den Erklärungswert jeder Antwortalternative für die gegebene Situation und kreuzen Sie ihn auf der darunter befindlichen Skala entsprechend an. Es ist möglich, dass mehrere Antwortalternativen den gleichen Erklärungswert besitzen.

24

■ Deutungen

a) Die Briten wussten besser Bescheid über die Hintergründe der Alarme und sahen daher keinen Grund, sich aufzuregen.

| sehr
zutreffend | eher
zutreffend | eher nicht
zutreffend | nicht
zutreffend |

b) Solche Übungen sind auch in Betrieben und Schulen sehr häufig; aus diesem Grund sind Briten an solche Störungen gewöhnt.

| sehr
zutreffend | eher
zutreffend | eher nicht
zutreffend | nicht
zutreffend |

c) Aus Loyalität wird nicht an solchen Maßnahmen der Universität herumgemeckert.

| sehr
zutreffend | eher
zutreffend | eher nicht
zutreffend | nicht
zutreffend |

d) Ob die englischen Mitbewohner gelassen waren, ist eine andere Frage, aber zu zeigen, dass sie dieser Alarm aus der Fassung bringt, fänden sie schon etwas peinlich.

| sehr
zutreffend | eher
zutreffend | eher nicht
zutreffend | nicht
zutreffend |

— Versuchen Sie, Ihre Einstufung jeder Antwortalternative zu begründen. Halten Sie die Begründung in schriftlicher Form stichpunktartig fest.
— Lesen Sie nun die Erläuterungen zu jeder Antwortalternative durch und vergleichen diese mit Ihren eigenen Begründungen.

■ Bedeutungen

Erläuterung zu a):

Was die Briten der Deutschen an Wissen voraus hatten ist, dass ein beliebter Streich in britischen Studentenwohnheimen das

Auslösen des Feueralarms ist – möglichst zu nachtschlafender Stunde versteht sich. Jedoch das Wissen darum hätte wohl kaum genügt, um die um ihren Schlaf gebrachte Deutsche zu beruhigen – warum also blieben die Briten so gelassen? Eine andere Erklärung gibt mehr Aufschluss darüber.

Erläuterung zu b):
In Großbritannien gilt eine außerordentlich strenge Brandschutzverordnung, die wesentlich strengere Auflagen für öffentliche Gebäude, aber auch Privathäuser bedingt: Häufige Übungen, Möbel aus nichtbrennbarem Material, Rauchmelder allerorten sind nur ein paar der Auswirkungen dieser Gesetze. Diese Vorschriften sind nicht von oben erlassen worden, sondern spiegeln auch das größere Bewusstsein der Bevölkerung für diese Thematik wider. Woher diese Verordnungen und die Furcht vor Bränden herrührt, kann nur vermutet werden, aber es ist nicht unwahrscheinlich, dass sie auf das vollständige Abbrennen Londons im siebzehnten Jahrhundert zurückgehen. Kurzum, Engländer sind eher an solche Übungen gewöhnt und sehen deren Notwendigkeit auch stärker als Deutsche. Reicht dies jedoch um ihre Gelassenheit selbst bei der Häufung der Alarme zu erklären? Eine andere Antwort beleuchtet diese Situation umfassender.

Erläuterung zu c):
Engländer fühlen sich ihrer Universität wesentlicher stärker verbunden als dies in Deutschland der Fall ist. Es handelt sich aber hierbei nicht um eine blinde Loyalität, die jegliche Maßnahmen der Administration akzeptiert. Diese Erklärung trifft den Kern der Situation nicht.

Erläuterung zu d):
Starke Emotionen in der Öffentlichkeit zu zeigen, wird in England häufig als peinlich empfunden. Es wird viel mehr geschätzt, auf prinzipiell ärgerliche Situationen mit Gelassenheit, wenn möglich mit Humor zu reagieren und das Beste daraus zu machen. Selbst in unangenehmsten Situationen wird versucht, die Haltung zu bewahren. In diesem Fall bedeutet das, man nutzt die Gelegenheit, um ein Schwätzchen mit seinen Mitbewohnern zu

halten. Schwierig ist es einzuschätzen, ob die Engländer in dieser Situation nun tatsächlich gelassen bleiben, oder ob ihr Ärger nur verborgen bleibt. Im Allgemeinen ist die Toleranz gegenüber unvorhergesehenen und frustrierenden Ereignissen in England deutlich größer als in Deutschland.

▪ Beispiel 4: Royal Opera

▪ Situation

Frau Hartmann wollte in London die Oper besuchen. Da es sich um ein mit bekannten Sängern besetztes, populäres Stück handelte, ging sie zusammen mit ihren deutschen Freunden schon zwei Stunden vor Beginn hin, um noch die letzten Eintrittskarten zu ergattern. Seltsamerweise stand auf dem Platz vor der Oper einfach eine Menschenschlange. Die Leute stellten sich also aus irgendeinem Grund nicht vor dem noch geschlossenen Verkaufsschalter an, sondern mitten auf dem Platz. Frau Hartmann und ihre Freunde stellten sich an einem Ende der Schlange an, waren jedoch nicht ganz sicher, ob es nun deren Anfang oder das Ende war. Die Ausrichtung der Reihe war einfach nicht zu erkennen. Aber da sich niemand beschwerte, gingen Frau Hartmann und ihre Freunde davon aus, dass alles seine Richtigkeit hatte. Nach einer halben Stunde fiel ihnen auf, dass sich niemand hinter ihnen anstellte und da entdeckten sie auch das Schild »die Schlange beginnt hier« (»the queue starts here«).

Völlig verärgert marschierte die Gruppe an das richtige Ende und fragte sich, warum sie niemand darauf hingewiesen hatte, dass sie sich »vorgedrängt« hatten?

– Lesen Sie nun die Antwortalternativen nacheinander durch.
– Bestimmen Sie den Erklärungswert jeder Antwortalternative für die gegebene Situation und kreuzen Sie ihn auf der darunter befindlichen Skala entsprechend an. Es ist möglich, dass mehrere Antwortalternativen den gleichen Erklärungswert besitzen.

■ Deutungen

a) Jemanden auf einen Fehler hinzuweisen ist eine Einmischung in die Angelegenheiten des anderen; sogar dann, wenn es einen selbst betrifft, hält man sich wenn möglich zurück.

| sehr zutreffend | eher zutreffend | eher nicht zutreffend | nicht zutreffend |

b) Den Briten ist es einfach nicht so wichtig, wer in welcher Reihenfolge drankommt.

| sehr zutreffend | eher zutreffend | eher nicht zutreffend | nicht zutreffend |

c) Haltung zu bewahren und keine Szene zu machen, ist ein wichtiges Ideal in England.

| sehr zutreffend | eher zutreffend | eher nicht zutreffend | nicht zutreffend |

d) Die Briten hätten den Kassierer darauf hingewiesen, dass die Deutschen vorgedrängelt haben. Sie hätten sich nicht direkt mit ihnen auseinandergesetzt.

| sehr zutreffend | eher zutreffend | eher nicht zutreffend | nicht zutreffend |

– Versuchen Sie, Ihre Einstufung jeder Antwortalternative zu begründen. Halten Sie die Begründung in schriftlicher Form stichpunktartig fest.

– Lesen Sie nun die Erläuterungen zu jeder Antwortalternative durch und vergleichen diese mit Ihren eigenen Begründungen.

■ Bedeutungen

Erläuterung zu a):
Mit Kritik an dem Verhalten anderer Personen wird in England wesentlich vorsichtiger umgegangen als dies in Deutschland der

Fall ist. Wenn sie geäußert wird, geschieht dies indirekt und unter Verwendung abschwächender und relativierender Formulierungen. Die Tatsache, dass in dieser Situation allerdings überhaupt kein Versuch unternommen wurde, die Deutschen auf ihren Fehler aufmerksam zu machen, deutet darauf hin, dass hauptsächlich eine andere kulturelle Norm wirksam war.

Erläuterung zu b):
Wenn man sich das Bild der diszipliniert in einer Schlange stehenden Menschen vor Augen hält, kann man sich vorstellen, dass die Einhaltung der Reihenfolge in England sehr wohl äußerst wichtig ist. Es hat nichts mit Gleichgültigkeit zu tun, dass die Briten nicht reagierten.

Erläuterung zu c):
Sehr wahrscheinlich ärgerte es die Briten, dass Frau Hartmann und ihre Freunde einfach an die Spitze der Menschenschlange marschiert sind. Die Tatsache, dass sich die Deutschen in ihrer Unwissenheit ganz selbstverständlich und ohne zu fragen vorn angestellt haben, wirkte auf die Engländer noch besonders unverschämt. In einer solchen Situation jedoch ärgerlich zu werden, wäre für Engländer ebenso peinlich wie das vermeintliche Vordrängeln der Deutschen. Man fängt doch nicht wegen ein paar Eintrittskarten einen Streit an und blamiert sich dadurch, dass man die ganze Sache so wichtig nimmt. Hier ist es aus englischer Sicht viel angebrachter, Ruhe und Haltung zu bewahren. Vorstellbar wäre höchstens, die Deutschen zu fragen, ob sie sich nicht vielleicht an der falschen Seite angestellt haben (»I might be wrong, but I am afraid you might be queuing at the wrong side«).

Erläuterung zu d):
Es kann nicht ausgeschlossen werden, dass Frau Hartmann und ihre Freunde bei der Öffnung der Kasse doch noch darauf angesprochen worden wären, dass sie am falschen Ende der Schlange stehen. Die Briten würden sich jedoch wohl kaum der »Autorität« des Kassierers bedienen, um die Deutschen zurechtzuweisen.

■ Beispiel 5: Not too bad

■ Situation

Eine Marketingagentur will Lebensmittel in England mit einem Fernsehspot bewerben. In der deutschen Fassung sagt die Schauspielerin: »Mmm, das ist ja total lecker!« – Die Produktverantwortliche stutzt, als sie die englische Fassung des Drehbuchs liest: »hm, that is not too bad«, sagt dort die Schauspielerin. Die Deutsche fragt nach, ob dies wirklich die korrekte Fassung des Textes sei. Ihre englische Ansprechpartnerin versichert ihr, dass alles seine Richtigkeit hat und der Text aus ihrer Sicht wunderbar passe. Die Deutsche wundert sich sehr über diese Form der Produktwerbung, ihr erscheint das doch sehr verhalten.

– Lesen Sie nun die Antwortalternativen nacheinander durch.
– Bestimmen Sie den Erklärungswert jeder Antwortalternative für die gegebene Situation und kreuzen Sie ihn auf der darunter befindlichen Skala entsprechend an. Es ist möglich, dass mehrere Antwortalternativen den gleichen Erklärungswert besitzen.

■ Deutungen

a) Die englische Kollegin fand die deutsche Vorlage des Videos ohnehin nicht sehr gelungen und hat nun ganz indirekt Veränderungen vorgenommen.

| sehr
zutreffend | eher
zutreffend | eher nicht
zutreffend | nicht
zutreffend |

b) In England erscheinen Personen sympathischer und glaubwürdiger, die ihre Meinung eher dezent vertreten. Das ist auch für Personen in einem Werbespot zentral.

| sehr
zutreffend | eher
zutreffend | eher nicht
zutreffend | nicht
zutreffend |

c) Die direkte Übersetzung der deutschen Formulierung würde eher einer »lower class«-Formulierung entsprechen und diese Zielgruppe passt nicht zu dem Produkt.

| sehr | eher | eher nicht | nicht |
| zutreffend | zutreffend | zutreffend | zutreffend |

d) Briten stehen Fernsehwerbung sehr skeptisch gegenüber und würden sich über eine so übertriebene Werbung nur auf allen Internetforen lustig machen.

| sehr | eher | eher nicht | nicht |
| zutreffend | zutreffend | zutreffend | zutreffend |

- Versuchen Sie, Ihre Einstufung jeder Antwortalternative zu begründen. Halten Sie die Begründung in schriftlicher Form stichpunktartig fest.
- Lesen Sie nun die Erläuterungen zu jeder Antwortalternative durch und vergleichen diese mit Ihren eigenen Begründungen.

■ Bedeutungen

Erläuterung zu a):
Tatsächlich ist es so, dass Briten Kritik oft verhaltener äußern als dies Deutsche tun. Die Situation liefert jedoch keine Anhaltspunkte dafür, dass die englische Kollegin den Werbespot generell nicht gut findet und grundlegend abgeändert hat. Sie hat nur an einer spezifischen Stelle eine Änderung vorgenommen. Warum sie gerade diese Stelle geändert hat, erklärt eine Antwortalternative.

Erläuterung zu b):
Bei Gefühls- oder Meinungsäußerungen treten Briten oft deutlich zurückhaltender als Deutsche auf. Extrempositionen werden vermieden, um anderen den Freiraum einer eigenen Meinung zu lassen und um selbst nicht als besserwisserisch oder aufdringlich zu erscheinen. Dies führt dazu, dass Werbung in

England anders aufgebaut ist als in Deutschland. Selten werden Produkte direkt angepriesen, selbst Prominente machen sich in den Werbespots meist zum Narren, um so Sympathien für das Produkt zu wecken anstatt mit Sachinformationen die hohe Qualität des Produkts anzupreisen. Manche Firmen setzen sogar vollständig auf die britische Liebe zum Regelbruch (siehe Kulturstandard ritualisierter Regelbruch) wie bei der Werbung für den Brotaufstrich Marmite, den der Akteur im Werbespot sogar ausspuckt und sagt: »Either you love it or you hate it!« Hier geht es dann tatsächlich nicht mehr um Subtilität und Zurückhaltung, sondern die Werbestrategie setzt auf Sympathie durch Selbstironie – ein wichtiges Prinzip auch für zwischenmenschliche Beziehungen in Großbritannien.

Erläuterung zu c):
Angehörige wohlhabender Gesellschaftsschichten und Personen, die sich eher der working class zuordnen verwenden in Großbritannien unterschiedliche Sprachregister – auch um sich voneinander abzugrenzen. Im Fall dieses Werbespots würde die direkte Übersetzung der deutschen Version höchstwahrscheinlich beide gesellschaftliche Schichten nicht ansprechen.

Erläuterung zu d):
Häufig wählen Briten Ironie und Sarkasmus um Kritik oder Abneigung zum Ausdruck zu bringen. Dies ist auch im Internet mit all seinen Kommunikationsforen zu beobachten – auch wenn im Schutze der Anonymität – ähnlich wie in Deutschland – zahlreiche Beiträge nicht nur durch Subtilität und kunstvolle Ironie gekennzeichnet sind. Daher ist anzunehmen, dass ein übertrieben wirkender Werbespot auch in Großbritannien zur Zielscheibe von Kritik im Internet werden kann – warum der Werbespot übertrieben wirkt, erklärt allerdings eine andere Antwortalternative genauer.

■ Beispiel 6: Die Diskussion

■ Situation

Herr Hess und seine englische Freundin waren privat bei Bekannten eingeladen. Im Laufe der Unterhaltung kam man auf die Gesundheitssysteme der beiden Länder zu sprechen. Da sein Gegenüber im National Health Service in der Verwaltung tätig war, wollte ihm Herr Hess die Vorzüge des deutschen Systems im Detail darlegen. Dabei bemühte er sich, seine Meinung zu verdeutlichen und den Gesprächspartner von den Vorteilen des deutschen Systems zu überzeugen. Er brachte eine Vielzahl an Argumenten vor und versuchte, die Argumente des Engländers mit seinen Überlegungen zu entkräften. Herrn Hess irritierte, dass sich der Bekannte bei dem Gespräch sehr zurückhielt und fast etwas uninteressiert wirkte. Er erläuterte lediglich, wie die Dinge in England geregelt seien, ohne dies oder Herrn Hess' Ausführungen zu bewerten. Herr Hess engagierte sich immer mehr in der Debatte und versuchte, wirklich alle Aspekte anzusprechen, um seinen Gesprächspartner aus der Reserve zu locken. Er fühlte sich nicht besonders ernst genommen, denn sonst würde sein Gegenüber doch versuchen, ihn von seinem Standpunkt zu überzeugen. In einer kleinen Gesprächspause brachte seine Freundin das Gespräch auf ein völlig anderes Thema, das von dem Engländer sofort aufgegriffen wurde.

Warum war Herrn Hess' Freundin nach dem Abend sehr ärgerlich mit ihm?

– Lesen Sie nun die Antwortalternativen nacheinander durch.
– Bestimmen Sie den Erklärungswert jeder Antwortalternative für die gegebene Situation und kreuzen Sie ihn auf der darunter befindlichen Skala entsprechend an. Es ist möglich, dass mehrere Antwortalternativen den gleichen Erklärungswert besitzen.

■ Deutungen

a) Herr Hess war unhöflich, weil er nicht spürte, dass er auf einem Thema beharrt, das die anderen nicht interessiert.

33

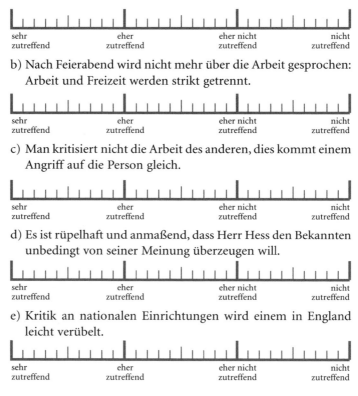

| sehr zutreffend | eher zutreffend | eher nicht zutreffend | nicht zutreffend |

b) Nach Feierabend wird nicht mehr über die Arbeit gesprochen: Arbeit und Freizeit werden strikt getrennt.

| sehr zutreffend | eher zutreffend | eher nicht zutreffend | nicht zutreffend |

c) Man kritisiert nicht die Arbeit des anderen, dies kommt einem Angriff auf die Person gleich.

| sehr zutreffend | eher zutreffend | eher nicht zutreffend | nicht zutreffend |

d) Es ist rüpelhaft und anmaßend, dass Herr Hess den Bekannten unbedingt von seiner Meinung überzeugen will.

| sehr zutreffend | eher zutreffend | eher nicht zutreffend | nicht zutreffend |

e) Kritik an nationalen Einrichtungen wird einem in England leicht verübelt.

| sehr zutreffend | eher zutreffend | eher nicht zutreffend | nicht zutreffend |

− Versuchen Sie, Ihre Einstufung jeder Antwortalternative zu begründen. Halten Sie die Begründung in schriftlicher Form stichpunktartig fest.
− Lesen Sie nun die Erläuterungen zu jeder Antwortalternative durch und vergleichen diese mit Ihren eigenen Begründungen.

■ Bedeutungen

Erläuterung zu a):
Es war wohl weniger das Thema, das Herrn Hess' Freundin ärgerte, sondern vielmehr die Art der Gesprächsführung. Andere Antworten treffen die Problematik in der Situation besser.

Erläuterung zu b):
Arbeitsleben und Freizeit sind in England nicht so stark voneinander getrennt, wie dies in Deutschland der Fall ist. Vielmehr verbringt man auch nach der Arbeit durchaus Zeit mit den Kollegen. Ob dabei Arbeitsthemen tabuisiert sind, ist individuell verschieden. Deswegen ist kaum anzunehmen, dass Herrn Hess' Freundin aus diesem Grund verärgert ist.

Erläuterung zu c):
Es ist sehr schwierig zu verallgemeinern, ob sich Briten mit ihrer Arbeit stärker identifizieren als Deutsche dies tun. Die Diskussion zwischen Herrn Hess und seinem Gesprächspartner bezieht sich jedoch nicht konkret auf dessen Arbeit, sondern sie dreht sich mehr um die politischen Weichenstellungen im Gesundheitswesen. Deswegen ist es unwahrscheinlich, dass er seine Arbeit und damit seine Person kritisiert sieht.

Erläuterung zu d):
Der Diskussionsstil in England unterscheidet sich ganz deutlich von dem in Deutschland. Es wird weniger Wert darauf gelegt, Unterschiede zur Meinung anderer zu betonen, sondern es wird eine Integration der divergierenden Überzeugungen versucht. Es werden Vorzüge in den Argumenten der Gesprächspartner hervorgehoben und die eigenen Vorstellungen nur als ergänzende Überlegungen angeführt. Andere von seiner eigenen Ansicht überzeugen zu wollen, kann, wenn dies so engagiert versucht wird wie hier, von Briten als anmaßend aufgefasst werden: Auf sie wirkt dies, als ob man glaube, man wisse alles besser und würde andere Ansichten nicht achten. Hier wird von Briten geschätzt, wer ruhig und zurückhaltend seine Meinung vorträgt, ohne diese zu wichtig zu nehmen. Diese Unterschiede haben sicher nicht zuletzt dazu beigetragen, dass in England das Vorurteil vom besserwisserischen Deutschen durchaus verbreitet ist.

Erläuterung zu e):
Engländer würden nur in seltenen Fällen hervorheben, dass sie stolz auf ihr Land sind. Trotzdem sollte man in der Tat vorsichtig sein, wenn man als Ausländer Kritik an England übt – insbeson-

dere auf nichtenglische, also direkte Art und Weise. Dies wird einem häufig schneller übel genommen als in Deutschland, wo man mit Kritik an Regierung und Staat nicht spart. Der Hauptgrund, warum Herrn Hess' Freundin wütend ist, liegt jedoch woanders. Dieser Aspekt kommt nur erschwerend hinzu.

■ Kulturelle Verankerung von »Selbstdisziplin«

Der englische Kulturstandard, der den sechs vorangegangenen Geschichten zugrunde liegt, heißt *Selbstdisziplin.* »To keep a stiff upper lip« (wörtlich »eine steife Oberlippe bewahren«) ist die verkürzte Formel einer ungeschriebenen Norm, die in Großbritannien auch heutzutage noch weitverbreitete Gültigkeit hat: Sie verbietet das öffentliche Zeigen von starken Emotionen und Bedürfnissen, seien es nun Ärger, große Freude oder Ungeduld, die einen bewegen. Außenstehenden Einblick in die eigene Gefühlswelt zu gewähren wird vermieden und Gefühlsausbrüche anderer werden als peinlich empfunden. Vielmehr gilt es, stoisch Haltung zu bewahren. Mit dieser Verhaltensweise als Ausdruck eines bedeutsamen Wertes für die Briten wird früher oder später jeder Besucher in Form einer disziplinierten Warteschlange an Bushaltestellen, in Supermärkten oder auf Bahnsteigen konfrontiert. Unmutsäußerungen über lange Wartezeiten sind dort ebenso selten wie Drängeln, weil man es besonders eilig hat.

Die sprichwörtliche »feine englische Art«, die sich für Gäste im Land zunächst ganz offensichtlich in der häufigen Verwendung von »Ps and Qs« (»please« and »thank you«) und »sorry« äußert, ist nicht zuletzt ein Verdienst der Selbstdisziplin: Man würde sich nie so weit gehen lassen und seinen Ärger darüber, dass man angerempelt wurde, offen zeigen – nein, man entschuldigt sich sogar noch selbst dafür, dass man im Weg stand. Dem muss allerdings noch angefügt werden, dass Engländer aufgrund ihrer größeren Toleranz gegenüber Ambiguitäten und unerwarteten Situationen seltener als Deutsche Anlass finden, sich zu beklagen.

Diese Haltung wirkt sich auch auf das Darstellen eigener Leistungen und Fähigkeiten aus. Ist man in Deutschland stolz auf das, was man vollbracht hat und zeigt auch gern sein eigenes Wissen, so ist in England auch hier Zurückhaltung angebracht. Man will sich selbst nicht in den Vordergrund drängen und die eigene Person zu wichtig nehmen. Das Distanzieren und Herunterspielen von persönlichen Errungenschaften ist in Großbritannien wesentlich angesehener als eine »Mentalität der hochgekrempelten Ärmel«. Man glänzt eher durch das, was man unterlässt, als durch das, was man tut.

Verstößt man gegen dieses Merkmal des Kulturstandards *Selbstdisziplin*, wird man leicht als besserwisserisch, arrogant und eingebildet eingeschätzt. Zieht man also die Gegensätze der englischen Haltungsethik und der deutschen Leistungsethik in Betracht, so ist es verständlich, wie das weit verbreitete Stereotyp des »besserwisserischen Deutschen« entstanden ist und genährt wird.

Das als Kulturstandard *Selbstdisziplin* interpretierte Verhalten der Briten prägt allerdings ebenso stark Stereotype von den Bewohnern der Insel. »Kühl, distanziert und unbeteiligt« sind häufig genannt Attribute, die Deutsche Engländern zuschreiben und die auf diesem Unterschied im Zeigen von Emotionen beruhen.

Die Suche nach dem Ursprung dieser Werthaltung in England führt zu dem Idealbild des Gentleman, das erstmals Ende des Mittelalters auftaucht. Damals nur für die adelige Oberschicht verbindlich, wurde es durch Annäherung von Mittelschicht und Adel in den folgenden Jahrhunderten für eine immer breitere Bevölkerungsschicht zum Maßstab der Erziehung ihrer Kinder: Höflichkeit, Selbstbeherrschung, Bescheidenheit und Frömmigkeit repräsentierten geschätzte Werte.

Eine Institutionalisierung dieser Ideale erfolgte in der zweiten Hälfte des letzten Jahrhunderts in den Privatschulen, den sogenannten Public Schools. Hier wurden die Kinder der Mittel- und Oberschicht ausgebildet mit der betonten Absicht der »Charakterbildung« – und darunter wurde weniger die Vermittlung intellektuellen Wissens verstanden, sondern es erfolgte eine starke Orientierung am Gentleman-Ideal. Nicht zuletzt galt es als Ziel, die Elite des Landes für die Verwaltung und Beherrschung eines Weltreiches heranzubilden. Eine besondere Bedeutung kam dabei natürlich auch der Entwicklung einer starken Selbstdisziplin zu.

Die staatliche Schulen wurden von dieser Ausrichtung der Bildungseinrichtungen des Adels und der Mittelschicht ebenfalls beeinflusst, und so gewannen diese Werte für breite Bevölkerungsschichten zunehmend an Bedeutung. In England wird dieser Kulturstandard sehr häufig in Zusammenhang mit der gelungenen Überwindung alltäglicher Erschwernisse zitiert.

Ergänzend ist anzufügen, dass sich dieser Kulturstandard etwas auf dem Rückzug zu befinden scheint. Der Tod der Prinzessin von Wales und die durch die Medien mitinduzierten hysterischen Trauerreaktionen haben in England kontroverse Debatten zur Bedeutung der Selbstdisziplin für die »britische Identität« ausgelöst.

Die Gültigkeit dieses Kulturstands ist heutzutage in gewissem Maße regional bedingt und von der Schichtzugehörigkeit abhängig. In Nordengland und bei Personen aus einem »working class«-Hintergrund fallen die Unterschiede zu deutschen Verhaltensnormen teilweise geringer aus. In Südengland und bei Angehörigen der Mittel- und Oberschicht ist dieser Kulturstandard nach wie vor sehr wirksam, auch wenn selbst hier gerade bei jüngeren Menschen immer wieder Ausnahmen beobachtet werden können.

■ Themenbereich 2:
Indirektheit interpersonaler
Kommunikation

■ Beispiel 7: Wohin mit den Gästen?

■ Situation

Herrn Wanns englischer Freund, Herr Turner, bekam Besuch von Freunden, konnte in seinem kleinen Apartment aber nicht allen Gästen einen Schlafplatz anbieten. Er berichtete Herrn Wann von diesem Problem und erklärte immer wieder, wie schwierig und problematisch es doch sei, seine Freunde unterzubringen. Herr Wann bemerkte, dass von ihm erwartet wurde, selbst vorzuschlagen, ein paar dieser Gäste in seiner Wohnung aufzunehmen. Er hatte aber keine rechte Lust dazu, da er die Gäste nicht kannte, und außerdem fand er, dass ihn sein Freund auch ruhig direkt danach fragen könnte. Als nach geraumer Zeit immer noch über das Thema geredet wurde, jedoch ohne direkte Anfrage, bot sich Herr Wann doch selbst an. »Willst du, dass einer bei mir schläft?« – »Ja, wenn das möglich wäre, das wäre wirklich eine große Hilfe«, kam die erleichterte Antwort, und Herr Wann verstand einfach nicht, warum ihn sein Freund nicht von sich aus fragen wollte.

Können Sie sich das Verhalten erklären?

– Lesen Sie nun die Antwortalternativen nacheinander durch.
– Bestimmen Sie den Erklärungswert jeder Antwortalternative für die gegebene Situation und kreuzen Sie ihn auf der darunter befindlichen Skala entsprechend an. Es ist möglich, dass mehrere Antwortalternativen den gleichen Erklärungswert besitzen.

■ Deutungen

a) Herr Turner hatte erfahren, dass in Deutschland Gastfreundschaft nicht den gleichen Stellenwert einnimmt wie auf der
Insel und traute sich deswegen nicht, direkt zu fragen.

sehr   eher   eher nicht   nicht
zutreffend   zutreffend   zutreffend   zutreffend

b) Deutsche wirken auf Briten immer etwas forsch und ruppig,
so auch auf Herrn Turner, der es nicht wagte, Herrn Wann um
einen Gefallen zu bitten.

sehr   eher   eher nicht   nicht
zutreffend   zutreffend   zutreffend   zutreffend

c) Einen Deutschen um etwas zu bitten, kann manchem Briten
schwer über die Lippen kommen, selbst wenn man sich schon
besser kennt.

sehr   eher   eher nicht   nicht
zutreffend   zutreffend   zutreffend   zutreffend

d) Eine direkte Anfrage wäre zu aufdringlich und ein Eindringen
in die Privatsphäre des Deutschen gewesen.

sehr   eher   eher nicht   nicht
zutreffend   zutreffend   zutreffend   zutreffend

– Versuchen Sie, Ihre Einstufung jeder Antwortalternative zu
begründen. Halten Sie die Begründung in schriftlicher Form
stichpunktartig fest.
– Lesen Sie nun die Erläuterungen zu jeder Antwortalternative
durch und vergleichen diese mit Ihren eigenen Begründungen.

■ Bedeutungen

Erläuterung zu a):
Es ist durchaus richtig, dass Deutsche Briten häufig gastfreundli-
cher als ihre Landsleute empfinden. Dies liegt hauptsächlich da-

ran, dass auf der Insel schneller der Kontakt zu Fremden hergestellt wird und dabei auch eher (nicht immer wörtlich zu neh-
mende) Einladungen ausgesprochen werden. Jedoch haben die
Briten kaum konkrete Vorstellungen über das Maß der Gastfreundschaft in Deutschland. Deswegen ist es unwahrscheinlich,
dass Herrn Turners Verhalten davon beeinflusst wurde.

Erläuterung zu b):

Deutsche Vorstellungen von Höflichkeit divergieren teilweise er-
heblich von den englischen, insbesondere was die Akzeptanz von
deutlichen, direkten Aussagen betrifft. Auf der Basis dieses Unterschieds ist es allerdings den Deutschen nicht gelungen, sich in
England einen Ruf als gefürchtete Rohlinge zu erarbeiten. Dem
steht außerdem entgegen, dass in England bestimmte Bevölkerungsschichten, wie etwa Mitglieder der Arbeiterklasse, durchaus
ein klares Wort zu schätzen wissen. Der Gegensatz fällt also nicht
so deutlich aus, dass die Annahme gerechtfertigt wäre, Herr Turner traue sich nicht, einen Deutschen direkt um einen Gefallen
zu bitten, weil er dessen Forschheit fürchte. Andere Erklärungen
kommen dem Kern der Sache näher.

Erläuterung zu c):

Sicherlich hegen Briten einige negative Stereotype über Deutsche,
und Deutschland rangiert in ihrer Beliebtheitsskala nicht an
oberster Position. Vielleicht kann es sogar einigen wenigen Briten
schwer über die Lippen kommen, einen Deutschen um etwas zu
bitten. Dann ist es aber wahrscheinlich, dass dieser Brite zur älteren Generation gehört und im Zweiten Weltkrieg schlechte Erfahrungen mit Deutschen gemacht hat. Der überwältigende Teil der
Bevölkerung hegt gegenüber Deutschen keine solch intensiven,
negativen Gefühle, dass es für sie unvorstellbar wäre, einen Deutschen um Hilfe zu bitten, noch dazu, wenn sie, wie in Herrn Turners Fall, mit ihm befreundet sind.

Erläuterung zu d):

Die englische Art, um einen Gefallen zu bitten, fällt für den
deutschen Geschmack oft sehr vage und unentschlossen aus, ja
wird teilweise nicht einmal wahrgenommen. Herr Wann be-

merkt hier recht gut das Anliegen seines englischen Freundes, orientiert sich aber an dem deutschen Grundsatz »wenn er etwas will, dann soll er es sagen«. Daß sein Freund aber genau dies nicht tut, liegt weder an dessen Furcht, noch an seiner Schüchternheit. Er versucht möglichst unaufdringlich, Herrn Wann sein Problem nahezubringen und lässt ihm mit seinen nebulösen Formulierungen viel Spielraum, ebenso vage anzudeuten, dass er die Gäste nicht aufnehmen wolle oder könne. Ein direkte Frage würde zu sehr Herrn Wanns Privatangelegenheiten berühren und könnte von einem Briten unter Umständen als nötigend aufgefasst werden. Leider kennt Herr Wann die Spielregeln nicht, so dass Herrn Turners Verhalten alles andere als unaufdringlich wirkt, während Herr Turner seinen deutschen Freund wohl als äußerst begriffsstutzig wahrnimmt. Diese Antwort stellt die zutreffendste Einschätzung von Herrn Turners Verhalten dar.

■ Lösungsstrategien

Wie hätten Sie sich an Herrn Wanns Stelle verhalten?
a) Ich würde mich mit Herrn Turner über diesbezügliche kulturelle Unterschiede zwischen Deutschen und Engländern unterhalten.
b) Ich würde mich darüber freuen, dass Herr Turner nicht konkreter wird, denn so genügt es, wenn ich andeute, dass ich die Gäste nicht aufnehmen kann. Direkt abzusagen wäre mir zu unangenehm gewesen.
c) Ich würde meinen Freund nicht so lange zappeln lassen, sondern gleich fragen, auf was er denn hinaus wolle.

Erläuterung zu a):
Dieses Herangehen ist gerade bei einem Freund einen Versuch wert, da man auf diese Weise zukünftigen interkulturellen Missverständnissen vorbeugen kann. Sie müssen sich dabei allerdings bewusst sein, dass dies eine sehr deutsche Methode ist, Probleme anzupacken. Inwieweit Ihr Freund Interesse daran hat, dieses Problem theoretisch zu diskutieren ist fraglich und

hängt sicher von der Anzahl der Fettnäpfchen ab, in die Sie bisher getreten sind. Unabhängig davon, wie ausführlich dieses Gespräch wird, schafft es auf jeden Fall die Grundlage, bei zukünftigen Missverständnissen von beiden Seiten interkulturelle Unterschiede als mögliche Erklärung heranzuziehen. Nachteil an dieser Variante ist, dass Sie natürlich nicht mit jedem Briten, den sie treffen, zuerst ein Gespräch über deutsche und englische Normen führen können, um Komplikationen vorzubeugen. Eine Annäherung an die »rules of the game« auf der Insel ist wohl unvermeidlich.

Erläuterung zu b):

Das ist die Idee hinter dieser kulturellen Norm. Ob Sie die Gäste aufnehmen, ist ganz und gar Ihre Sache, und Ihr Freund möchte Sie nicht auf den Kopf zu fragen und Sie so unter Druck setzen. Wenn Ihre Absage nicht zu deutlich gerät, wäre das eine gelungene Anpassung an die englische Kultur. Ob es natürlich die feine englische Art ist, den Freund in der Patsche sitzen zu lassen, müssen Sie selbst entscheiden.

Erläuterung zu c):

Schön, dass Sie Ihren Freund nicht so lange im Unklaren lassen wollen. Allerdings ignorieren Sie mit diesem direkten Vorgehen weitgehend englische Verhaltensnormen und Werte und bringen Ihren Freund in eine nicht minder unangenehme Lage, wie Herr Wann es getan hat. Es würde Herrn Turner ziemlich widerstreben, seine Bitte geradeheraus zu formulieren, denn er empfände das als höchst aufdringlich. Auch in anderen Situationen würde es Sie wahrscheinlich weiterbringen zu erproben, ob Sie sich diese englische Art der Kommunikation nicht doch mehr zu eigen machen sollten und ihr positive Seiten abgewinnen können.

■ Beispiel 8: Alles ist gut?!

■ Situation

Herr Jung arbeitete bereits ein halbes Jahr in England und hatte trotz seiner geringen Berufserfahrung gleich eine sehr verantwortungsvolle Position erlangt. Deswegen geriet er hin wieder noch ins Schwimmen, doch zu seiner Überraschung bekam er keine Kritik zu hören, sondern immer Zustimmung und Lob. Das verwunderte ihn doch sehr, weil er sich überhaupt nicht vorstellen konnte, dass er so gut war, und er von sich wusste, dass er Fehler gemacht hatte. Herr Jung war weitgehend auf sich gestellt und konstruktive Kritik von Seiten der Kollegen wäre in dieser Situation außerordentlich hilfreich für ihn gewesen. Aber das einzige, was er zu hören bekam, war: »Toll, super, das ist schon gut, prima.« Selbst wenn er gezielt nachfragte, ob das denn jetzt wirklich in Ordnung sei, wie er das gemacht habe. Irgendwie kam es ihm vor, als würde man ihn nicht ernst nehmen.

Warum wollte ihm niemand helfen?

– Lesen Sie nun die Antwortalternativen nacheinander durch.
– Bestimmen Sie den Erklärungswert jeder Antwortalternative für die gegebene Situation und kreuzen Sie ihn auf der darunter befindlichen Skala entsprechend an. Es ist möglich, dass mehrere Antwortalternativen den gleichen Erklärungswert besitzen.

■ Deutungen

a) Neue Mitarbeiter erhalten in England immer eine Schonzeit von ungefähr einem halben Jahr zum Eingewöhnen. Deshalb wurde ihm so viel Freiraum gewährt.

| sehr zutreffend | eher zutreffend | eher nicht zutreffend | nicht zutreffend |

b) Herr Jung hat seine Sache für einen Ausländer überraschend gut gemacht. Deswegen wollte niemand kleinlich sein.

sehr   eher   eher nicht   nicht
zutreffend   zutreffend   zutreffend   zutreffend

c) Kritik hat in England etwas Anmaßendes und gilt als Einmischung. Da wird schon lieber das Positive hervorgehoben.

sehr   eher   eher nicht   nicht
zutreffend   zutreffend   zutreffend   zutreffend

d) Herrn Jung sind tatsächlich schon Hinweise und Hilfestellungen gegeben worden, die er allerdings nicht wahrgenommen hat.

sehr   eher   eher nicht   nicht
zutreffend   zutreffend   zutreffend   zutreffend

- Versuchen Sie, Ihre Einstufung jeder Antwortalternative zu begründen. Halten Sie die Begründung in schriftlicher Form stichpunktartig fest.
- Lesen Sie nun die Erläuterungen zu jeder Antwortalternative durch und vergleichen diese mit Ihren eigenen Begründungen.

■ Bedeutungen

Erläuterung zu a):
In Großbritannien werden ebenso wie in Deutschland einem neuen Mitarbeiter anfangs mehr Fehler zugestanden als einem langjährigen Mitarbeiter. Eine festgeschriebene Schonzeit, noch dazu von einem halben Jahr, gibt es allerdings nicht. Diese Erklärung trifft nicht zu.

Erläuterung zu b):
Man kann davon ausgehen, dass Herr Jung mit seiner neuen Arbeitsstelle recht gut klarkommt, denn auf drastische Fehler würden ihn seine Kollegen vorsichtig hinweisen. Außerdem ist es nicht abwegig anzunehmen, dass er als Ausländer anfangs einen gewissen Bonus hat und man ihm Respekt dafür zollt, dass er sich

in einem Land mit fremder Sprache zurechtfindet. Allerdings erklärt dies nicht vollständig, warum selbst auf Nachfragen keine Tipps oder Anregungen kommen.

Erläuterung zu c):
In Großbritannien wird mit negativer Kritik wesentlich vorsichtiger umgegangen als in Deutschland. Man versucht viel stärker durch Hervorheben des Positiven sein Gegenüber in dem zu bestärken, was er/sie wirklich gut macht. Auf Schwächen wird häufig durch ironische Bemerkungen oder durch Nicht-Loben hingewiesen. Herrn Jungs Verwirrung rührt daher, dass er dies von Deutschland genau umgekehrt gewohnt ist: Wenn jemand etwas gut macht, muss man dazu nicht viele Worte verlieren – auf Schwächen oder gar Fehler muss die betreffende Person hingegen natürlich aufmerksam gemacht werden. So verwundert es auch nicht, dass immer wieder Deutsche, die in England arbeiten, von für sie völlig überraschenden Kündigungen bei Kollegen, die Tage zuvor noch gelobt worden waren, berichten. Das Prinzip ist in beiden Ländern das Gleiche – man äußert sich nur zu einer Seite der Medaille, während sich die andere automatisch daraus ergibt. Der Fokus ist allerdings deutlich verschieden: Beim Äußern von Kritik wird auf der Insel ein *personenbezogener* Kommunikationsstil gepflegt, indem man den Kritisierten aufbaut und sich nicht anmaßt, ihm direkt zu sagen, was er schlecht macht. Dies wird von Deutschen manchmal sogar als Schönrederei und Unaufrichtigkeit interpretiert. In Deutschland liegt der Fokus auf der *Sache*, die verbessert werden soll. Diese wird direkt angesprochen, was die meisten Deutschen so auch erwarten. Diese Form der direkten, sachbezogenen Kritik würde von einem Engländer als anmaßend, besserwisserisch und Einmischung in seine Angelegenheiten aufgefasst. Diese Erklärung ist sehr wahrscheinlich.

Erläuterung zu d):
Als Deutscher muss man in Großbritannien manchmal genau hinhören, um Nuancen zu erfassen, die in Deutschland wesentlich deutlicher angesprochen würden. So ist auch die Gefahr groß, dass einem die eine oder andere spitze Bemerkung entgeht. Jedoch können wir Herrn Jung schwerlich unterstellen, dass er

selbst bei direkten Nachfragen an seine Kollegen nicht in der Lage war, in deren Stellungnahmen Kritikpunkte auszumachen. Es ist wahrscheinlicher, dass keine Fehler angesprochen wurden. Warum dies der Fall war, wird in einer anderen Rückmeldung erläutert.

Beispiel 9: Bist du krank?

Situation

Herr Mareis trat seine neue Stelle bei einer britischen Bank an. Es war Winter, und er trug an seiner Arbeitsstelle einen Anzug und darunter einen teuren Rollkragenpullover. Es fiel ihm zunächst auf, dass seine Kollegen, die alle jünger waren als er, in Anzug und Krawatte zum Dienst erschienen, obwohl es in der Abteilung gar keinen Kundenkontakt gab. Als er am nächsten Tag wieder, diesmal mit einem anderen Rollkragenpullover kam, hörte er im Laufe des Tages von verschiedenen Seiten Bemerkungen: »Ist mit dir etwas nicht in Ordnung?« »Fühlst du dich krank?« »Gehst du heute auf eine Party?« »Ist dein Bügeleisen kaputt?« Herr Mareis lachte jedes Mal und hielt die englischen Kollegen für sehr humorvoll. Manchmal konterte er, dass das eben die neueste Mode sei. Doch die Bemerkungen rissen nicht ab, bis er am vierten Tag – und da eher zufällig – auch Hemd und Krawatte trug.

Was hatten diese Bemerkungen zu bedeuten gehabt?

– Lesen Sie nun die Antwortalternativen nacheinander durch.
– Bestimmen Sie den Erklärungswert jeder Antwortalternative für die gegebene Situation und kreuzen Sie ihn auf der darunter befindlichen Skala entsprechend an. Es ist möglich, dass mehrere Antwortalternativen den gleichen Erklärungswert besitzen.

Deutungen

a) Die Kollegen machen sich über Herrn Mareis lustig, weil er für britische Verhältnisse nicht passend gekleidet ist.

49

| sehr zutreffend | eher zutreffend | eher nicht zutreffend | nicht zutreffend |

b) Witze sind in England ein wichtiges Mittel zur Integration neuer Gruppenmitglieder. Sobald dies geschehen ist, sinken humorvolle Bemerkungen wieder auf ein normales Maß ab.

| sehr zutreffend | eher zutreffend | eher nicht zutreffend | nicht zutreffend |

c) Es wäre eine zu starke Einmischung in Herrn Mareis' Angelegenheiten gewesen, wenn ihm die Kollegen direkt gesagt hätten, dass ein Rollkragenpullover keine angemessene Arbeitskleidung in einer englischen Bank ist.

| sehr zutreffend | eher zutreffend | eher nicht zutreffend | nicht zutreffend |

d) Ein besonders subtiler Versuch des Mobbings, der eingestellt wurde, als Herr Mareis überhaupt nicht darauf reagierte.

| sehr zutreffend | eher zutreffend | eher nicht zutreffend | nicht zutreffend |

– Versuchen Sie, Ihre Einstufung jeder Antwortalternative zu begründen. Halten Sie die Begründung in schriftlicher Form stichpunktartig fest.
– Lesen Sie nun die Erläuterungen zu jeder Antwortalternative durch und vergleichen diese mit Ihren eigenen Begründungen.

■ Bedeutungen

Erläuterung zu a):
In England ist es üblich, dass man zur Arbeit in einer Bank Anzug und Krawatte trägt. So kann es durchaus sein, dass Herrn Mareis' Kleidungsstil und Unwissenheit seine englischen Kollegen anfangs etwas amüsiert hat. Die Hartnäckigkeit, mit der sie an diesem Thema festhielten, lässt allerdings vermuten, dass eine umfassende Erklärung für ihr Verhalten über diesen Punkt hinausgehen muss.

Erläuterung zu b):

Humor dient in England als Mittel zum Zweck für eine ganz Reihe von Zielen, sei es Kritik zu äußern oder eine unangenehme Situation zu entspannen. So ist nicht auszuschließen, dass er ebenso wie in Deutschland eine Rolle bei der Integration neuer Gruppenmitglieder spielt. In England kommt dieser Eingliederung am Arbeitsplatz eine große Bedeutung zu, denn die Sozialkontakte werden in der Freizeit intensiver als in Deutschland gepflegt. Um einen neuen Kollegen im Kreis aufzunehmen, gibt es in England allerdings wesentlich gängigere und effektivere Wege, die vor allem abends ins Pub führen. Die Spötteleien von Herrn Mareis' Kollegen dienten also in erster Linie einem anderen Zweck.

Erläuterung zu c):

Wie Sie sicher noch von der vorangegangenen Episode in Erinnerung haben, wird in England äußerst ungern offen Kritik geäußert und nur dann, wenn es unbedingt nötig ist. In den allermeisten englischen Banken gilt tatsächlich eine Kleiderordnung, die Anzug und Krawatte für alle Angestellten vorsieht, so dass Herr Mareis darauf hingewiesen werden musste, dass er nicht angemessen gekleidet sei. Deutsche hätten Herrn Mareis direkt darauf angesprochen, in England hingegen bedient man sich einer subtileren Methode und macht immer wieder Andeutungen, die für Deutsche sehr schwierig einzuordnen sind. Für Briten ist diese Konstellation eine Gratwanderung zwischen Einmischung in Herrn Mareis' Privatsphäre – er kann eigentlich anziehen, was er will – und der Notwendigkeit, bestimmte Regeln und Rituale einzuhalten. Diese Spannung wird, wie häufig in Großbritannien, mit Humor aufgelöst. Die Tatsache, dass Herr Mareis lange Zeit das Ziel der Bemerkungen nicht erkennt, stellt die Situation auf den Kopf, denn so müssen seine Kollegen recht hartnäckig mit ihren Späßen sein, um ihr Ziel zu erreichen.

Erläuterung zu d):

Der Text enthält keinerlei Anhaltspunkte, dass Herr Mareis die Atmosphäre am Arbeitsplatz als feindselig oder unangenehm empfunden hätte. Im Gegenteil: Herr Mareis scheint seine Kollegen sympathisch zu finden. Die kleinen Sticheleien als Mobbing einzuschätzen, wäre wohl übertrieben und steht der Intention der Kollegen entgegen.

▓ Beispiel 10: Eine schöne Krawatte?

▓ Situation

Herr Sprotte hatte in England seine Stelle bei einer Versicherung angetreten. Bei seiner Arbeit hatte er, wie alle Männer in der Firma, Anzug und Krawatte zu tragen. Dabei lebte er seine Vorliebe für modische, farbige Krawatten voll aus. Eines Tages spricht ihn überraschend der leitende Manager der Firma auf dem Flur gezielt auf seine Krawatte an: »Schöne Krawatte, Herr Sprotte!« Allerdings trug Herr Sprotte an diesem Tag ausnahmsweise nicht seinen bevorzugten Stil, sondern eine ganz biedere, sehr unauffällige Krawatte.

Herr Sprotte war völlig verunsichert und wusste nicht, wie diese Bemerkung zu verstehen war.

– Lesen Sie nun die Antwortalternativen nacheinander durch.
– Bestimmen Sie den Erklärungswert jeder Antwortalternative für die gegebene Situation und kreuzen Sie ihn auf der darunter befindlichen Skala entsprechend an. Es ist möglich, dass mehrere Antwortalternativen den gleichen Erklärungswert besitzen.

▓ Deutungen

a) Herr Sprotte erlebt hier nur eine Form des Small Talks – man unterhält sich über unwichtige Themen. Deswegen hat die Aussage gar nichts zu bedeuten.

| sehr zutreffend | eher zutreffend | eher nicht zutreffend | nicht zutreffend |

b) Der Manager will Herrn Sprotte darauf hinweisen, dass die biedere Krawatte angebrachter ist für seine Position. Kritik an den farbigen Krawatten wäre unhöflich.

| sehr zutreffend | eher zutreffend | eher nicht zutreffend | nicht zutreffend |

c) Der Vorgesetzte würde sich schon trauen, direkt zu sagen, dass Herr Sprotte unpassend gekleidet ist. Dem Manager gefällt die Krawatte einfach nur besser.

| sehr zutreffend | eher zutreffend | eher nicht zutreffend | nicht zutreffend |

d) Auf der Insel wird Individualität sehr geschätzt. Der Manager will Herrn Sprotte ermuntern, wieder seine bunten Krawatten zu tragen.

| sehr zutreffend | eher zutreffend | eher nicht zutreffend | nicht zutreffend |

– Versuchen Sie, Ihre Einstufung jeder Antwortalternative zu begründen. Halten Sie die Begründung in schriftlicher Form stichpunktartig fest.
– Lesen Sie nun die Erläuterungen zu jeder Antwortalternative durch und vergleichen diese mit Ihren eigenen Begründungen.

■ Bedeutungen

Erläuterung zu a):

Man kann es natürlich nicht völlig ausschließen, dass der Manager nur eine nette Bemerkung zu Herrn Sprotte machen wollte. Man sollte allerdings sehr vorsichtig sein, die Vorstellung des Small Talk-treibenden Briten auf alle Situationen anzuwenden, in denen Freundlichkeiten ausgetauscht werden. Wie aus den vorangegangenen Episoden hervorgeht, kann dies auch zum Überhören von durchaus Bedeutsamem führen. Der Zusammenhang, in dem sich Herr Sprotte befindet, macht es wahrscheinlich, dass ihm sein Chef mit der Bemerkung durchaus etwas mitteilen wollte.

Erläuterung zu b):
In Großbritannien ist es gerade im Banken- und Versicherungswesen üblich, dass man aus deutscher Sicht sehr konservative Kleidung trägt. Dies bedeutet bei Männern dunkle Anzüge mit dezenten Krawatten, bei Frauen Kostüm und auf keinen Fall Hosen. Mit bunten Sakkos oder Krawatten läuft man Gefahr, als Dandy oder als homosexuell eingestuft zu werde, während Hosen bei Frauen für unweiblich gehalten werden. Diese Episode ist ebenfalls ein Beispiel dafür, wie durch Unterstreichen des Positiven, der dezenteren Krawatte, indirekte Kritik an bunten Krawatten geübt wird. Der leitende Manager will Herrn Sprotte zu verstehen geben, dass die bisher getragenen Krawatten unpassend waren und versucht dies auf möglichst schonende und freundliche Weise zu tun. Diese Antwort erklärt das Verhalten des Managers am besten.

Erläuterung zu c):
Trauen würde sich der Manager sicherlich, Herrn Sprotte darauf hinzuweisen, dass konservativere Krawatten von ihm lieber gesehen werden. Allerdings wäre dies recht unhöflich und ruppig für britisches Verständnis, da sich auch elegantere Möglichkeiten bieten, Herrn Sprotte dazu zu bewegen, sich passend zu kleiden. Wie in den vorhergehenden Situationen schon angesprochen, wird direktes Maßregeln in England sehr ungern als Kommunikationsstil verwendet. Eine anderen Erklärung trifft die Situation besser.

Erläuterung zu d):
Individualität wird in Großbritannien in der Tat sehr weitgehend toleriert, in vielen Fällen sogar ganz besonders geschätzt. Nicht umsonst ist England als Land der Exzentriker bekannt. Jede Individualität hat jedoch auch dort ihre Grenzen, und die sind in Sachen Kleidung am Arbeitsplatz sehr eng gesetzt. Gerade in Banken und Versicherungen wird in dieser Hinsicht die

Entfaltung eines eigenen Kleidungsstils überhaupt nicht gut geheißen. Deswegen ist es auszuschließen, dass der Manager Herrn Sprotte zum Tragen der auffälligen Krawatten ermuntern möchte.

■ Beispiel 11: Gut oder nur nicht schlecht?

■ Situation

Der Servicemitarbeiter eines deutschen Maschinenherstellers wird zu einem englischen Kunden gerufen, da es Probleme mit einer Etikettiermaschine gibt. Der Techniker eilt zu dem Kunden und lässt sich vom Produktionsleiter, den er schon von früheren Terminen kennt, das Problem erläutern: Nach einer Produktumstellung klebt die Maschine die Etiketten unter Einschluss vieler Luftblasen auf das Produkt. Der Techniker macht sich an die Arbeit, prüft sorgfältig die zu beklebende Oberfläche und nimmt entsprechende Einstellungen an der Maschine vor. Das Ergebnis sieht deutlich besser aus, so dass der deutsche Mitarbeiter an den Produktionsleiter herantritt, um von ihm zu erfahren ob das so seinen Anforderungen entspricht. Er sagt: »Mmh that could be worse!« Der Deutsche weiß nicht so recht, was er von dieser Antwort halten soll.

– Lesen Sie nun die Antwortalternativen nacheinander durch.
– Bestimmen Sie den Erklärungswert jeder Antwortalternative für die gegebene Situation und kreuzen Sie ihn auf der darunter befindlichen Skala entsprechend an. Es ist möglich, dass mehrere Antwortalternativen den gleichen Erklärungswert besitzen.

■ Deutungen

a) Der Produktionsleiter ist mit dem Ergebnis sehr zufrieden, er äußert sich nur nicht so überschwänglich.

| sehr
zutreffend | eher
zutreffend | eher nicht
zutreffend | nicht
zutreffend |

b) Diese Äußerung mit viel Raum für Interpretation soll dem Deutschen die Möglichkeit geben zu erklären, warum es so schwierig ist, die richtige Einstellung zu finden.

| sehr zutreffend | eher zutreffend | eher nicht zutreffend | nicht zutreffend |

c) In Großbritannien erwartet man von Deutschen Perfektion. Daher ist der Produktionsleiter irritiert, warum der Deutsche *ihn* fragt, ob das Ergebnis so okay ist.

| sehr zutreffend | eher zutreffend | eher nicht zutreffend | nicht zutreffend |

d) Der Produktionsleiter ist gar nicht zufrieden. Positives Feedback für andere Personen wird in Großbritannien klar und deutlich zum Ausdruck gebracht.

| sehr zutreffend | eher zutreffend | eher nicht zutreffend | nicht zutreffend |

— Versuchen Sie, Ihre Einstufung jeder Antwortalternative zu begründen. Halten Sie die Begründung in schriftlicher Form stichpunktartig fest.
— Lesen Sie nun die Erläuterungen zu jeder Antwortalternative durch und vergleichen diese mit Ihren eigenen Begründungen.

■ Bedeutungen

Erläuterung zu a):
Für Briten spielen Zurückhaltung und Indirektheit bei der Meinungsäußerung eine große Rolle. Häufig will man durch implizite Aussagen keine schwer zu überbrückenden Gegensätze entstehen lassen bzw. als überheblich erscheinen. In einer Situation, in der ein Brite sehr mit der Arbeit eines anderen zufrieden ist, gibt es keine potenziellen Spannungen zu umschiffen. Das heißt, positives Feedback für andere fällt in der Regel sehr deutlich und meist expliziter aus als in Deutschland, wo oft immer noch die Norm zu

beobachten ist: »Nicht geschimpft ist genug gelobt.« Daher erklärt diese Antwort nicht die Aussage des Produktionsleiters.

Erläuterung zu b):
Britisches Problemlöseverhalten ist häufig von einem starken Lösungs- und Handlungsfokus gekennzeichnet. Man will nicht so genau wissen, warum etwas nicht funktioniert und wie es zu dem Problem gekommen ist, sondern Ideen zur Beseitigung und deren schnelle Umsetzung stehen im Vordergrund (siehe Kulturstandard Pragmatismus). Für Deutsche ist oft eine genaue Analyse und Problemerfassung Voraussetzung für eine nachhaltige Problembeseitigung. Um ihre Professionalität unter Beweis zu stellen und Akzeptanz für ihre Lösungsvorschläge zu gewinnen, erläutern Deutsche häufig ausführlich, welche Probleme es gibt, wie diese entstanden sind, und erst dann kommen sie zu Lösungsvorschlägen. Das wirkt auf Briten oft eher umständlich, langatmig und vor allem von Seiten eines Dienstleisters wie in dieser Situation uninteressant. Er soll das Problem beheben und dem britischen Produktionsleiter keine technische Weiterbildung geben. Daher ist diese Erklärung sehr unwahrscheinlich.

Erläuterung zu c):
Technische Produkte aus Deutschland haben tatsächlich einen hervorragenden Ruf in Großbritannien, wie zum Beispiel die sehr hohen Absatzzahlen für Autos belegen. Allerdings empfinden es Briten auch als ganz normalen Umgang zwischen Servicemitarbeiter und Kunden, dass sich der Dienstleister erkundigt, ob er mit seiner Arbeit die Erwartungen des Kunden erfüllt hat. Im Gegenteil, in diesem spezifischen Bereich besteht sogar eher die Gefahr, dass Deutsche zu wenig kommunizieren und die Bedeutung der nichtsachbezogenen Kommunikation unterschätzen (siehe auch Kulturstandard Distanzreduzierung): also dem Kunden zeigen, dass man ihn wertschätzt, sich um sein Anliegen kümmert, seine Bedürfnisse und Erwartungen ernstnimmt. Daher trifft diese Erklärungsalternative nicht zu.

Erläuterung zu d):
Positives Feedback fällt in Großbritannien deutlicher als in

Deutschland aus, Relativierungen und Einschränkungen sind selten, die Wortwahl ist grundsätzlich positiver als Deutsche dies gewohnt sind. Weist die Rückmeldung nicht diese uneingeschränkt positive Grundtönung auf, sollten Deutsche hellhörig werden. Hier könnten englische Prinzipien der Indirektheit am Werk sein: Kritik wird zunächst vorsichtig und wohlverpackt geäußert, um ohne Polarisation und Konflikteskalation dem anderen die Chance zu geben, das negative Feedback aufzunehmen und zu berücksichtigen. Dieses Vorgehen wird als beziehungsschonend, konstruktiv und nicht bevormundend empfunden. Engländer haben meist kein Bewusstsein dafür, welche Verwirrung sie bei Deutschen mit solchen Äußerungen stiften, und ärgern sich dann, wenn diese nicht auf ihr negatives Feedback reagieren. Diese Antwort erklärt die Äußerung des Produktionsleiters am Besten.

■ Kulturelle Verankerung von »Indirektheit interpersonaler Kommunikation«

Der britische Kulturstandard, der den fünf vorangegangenen Episoden zugrunde liegt, heißt *Indirektheit interpersonaler Kommunikation.* Zu den bedeutendsten und am meisten geschützten Werten in der britischen Gesellschaft gehören die Privatsphäre, die Freiheit des Einzelnen und insbesondere die individuelle Meinungsfreiheit.

Dies zeigt sich in vielfältiger Weise im Verhalten: Die Privatsphäre des Einzelnen – und dazu zählen auch dessen Meinung, Vorlieben oder selbst seine Arbeitsweise – ist seine Angelegenheit. Diesem Bereich nähert man sich als Fremder oder Bekannter vorsichtig und immer darauf bedacht, die eigene Meinung nicht als die absolut richtige darzustellen. Auf der Insel gilt wesentlich ausgeprägter als in Deutschland, dass Freiheit vor allem auch die Freiheit ist, anders zu denken. Kritik wird nur sehr verhalten und indirekt geäußert und Vorschläge, Bitten und Anweisungen werden häufig in Umschreibungen zum Ausdruck gebracht – immer mit dem Hintergedanken, dass es nur die eigene Ansicht ist und das Gegenüber völlig anderer Ansicht sein könnte. Hier wird auch eine Verschränkung mit dem Kulturstandard *Selbstdisziplin* deutlich: Sehr oft geht die Wahrung der Privatsphäre des anderen mit dem Zurückhalten eigener Ansichten Hand in Hand.

Missverständnisse im deutsch-englischen Kontakt ergeben sich demzufolge vor allem beim Äußern unterschiedlicher Ansichten: Erscheint den Briten die bestimmtere und direktere Meinungsäußerung der Deutschen als aufdringlich, arrogant und fast als Nötigung zur Meinungsübernahme, so wirken umgekehrt Briten auf Deutsche uneindeutig, unentschlossen und schwammig in ihren Stellungnahmen.

Formulierungen wie »I am not quite sure, but …«, »I might be wrong, but …« oder einfach die häufige Verwendung des Konditionals sind jedoch nicht Ausdruck einer größeren Unsicherheit oder Unentschlossenheit auf Seiten der Briten. Sie dienen vielmehr dazu, dem Gegenüber nicht vor den Kopf zu stoßen und Achtung vor seiner Meinung zu signalisieren.

Überspitzt formuliert der Essayist Mikes diese Haltung: »It may be your personal view, that two and two make four, but you may not state it in a self-assured way, because this is a democratic country and others may be of different opinion.«

Zusammen mit dem Kulturstandard *Selbstdisziplin* bewirkt dies eine völlig andere Diskussionskultur als in Deutschland. In England wird die eigene Position nicht besonders betont und von anderen Meinungen kontrastierend abgesetzt. Eine Stellungnahme beinhaltet vielmehr eine Wertschätzung bestimmter Aspekte des Vorredners (auch wenn sie manchmal verzweifelt gesucht werden müssen) – dann erst werden vorsichtig und ergänzend, mit Formulierungen ähnlich den oben genannten, die eigenen Ansichten angefügt. Ziel der Diskussion ist dabei weniger das Abstecken des Pro und Kontras, sondern die Integration unterschiedlicher Aspekte in einem Kompromiss.

Die Wurzeln des Kulturstandards *Indirektheit interpersonaler Kommunikation* lassen sich weit in der englischen Geschichte zurückverfolgen und sind tief im Bewusstsein der Briten verankert. England gilt als die Wiege der Demokratie: 400 Jahre vor dem Kontinent wurde auf der Insel die Leibeigenschaft abgeschafft und bereits 1679 wurden in der Habeas-Corpus-Akte Grundrechte gewährt, die heute Bausteine jeder Demokratie sind. Auf diese Akte beruft man sich in England noch heute, wenn man glaubt, zu Unrecht von der Polizei in Haft gehalten zu werden.

In diesem Zusammenhang ein wichtiges und auch noch heute häufig zitiertes Schlagwort ist das des »freeborn Englishman«, welches die freiheitlichen Grundrechte betont, die die Briten mit ihrer Geburt erlang(t)en – eben ganz im Gegensatz zum Kontinent, wo diese annähernd nur in den Städten galten oder erst mühsam (wenn überhaupt) erlangt werden konnten.

Besonders starken Ausdruck findet die Bedeutung der Freiheit im 18. Jahrhundert in den Theorien von John Locke und Adam Smith, die das Wohl eines Staates und seiner Wirtschaft in direkte Verbindung mit dem Wohl und der freien Entfaltung des Einzelnen setzen. Diese Theorien werden als Fundament der freien Marktwirtschaft und des Kapitalismus angesehen.

Der Kulturstandard *Indirektheit interpersonaler Kommunikation* ist nach wie vor weit verbreitet, wenn auch ähnliche regionale und schichtspezifische Einschränkungen gelten wie beim Kulturstandard *Selbstdisziplin*.

Offensichtlich spielt dieses Gedankengut auch in einigen der britischen Kolonien, wie den heutigen USA, Neuseeland oder Australien eine wesentliche Rolle, in denen die Bedeutung der individuellen Freiheit zu einem aus deutscher Sicht ähnlich indirekten Kommunikationsstil führte.

PLANNERER

■ Themenbereich 3:
Ritualisierung

■ Beispiel 12: Der Kneipenjob

■ Situation

Um sich eine Wohnung im Zentrum Londons leisten zu können, vermietete Frau Huber ein Zimmer ihres Appartements an einen englischen Studenten (Andrew). Sie verstand sich sehr gut mit ihrem Untermieter und lernte über ihn andere Gegenden der Stadt kennen. Eines Nachmittags machte Andrew Anstalten, die Wohnung in dunklem Anzug und Krawatte zu verlassen. Frau Huber war überrascht, ihn in dieser Kleidung zu sehen, und fragte ihn, wo er denn hingehe. »Ach, ich bewerbe mich für einen Job in dem Café um die Ecke«, war seine Antwort.

Frau Huber fragte sich, warum er sich für einen Job in einem normalen Café so in Schale warf?

– Lesen Sie nun die Antwortalternativen nacheinander durch.
– Bestimmen Sie den Erklärungswert jeder Antwortalternative für die gegebene Situation und kreuzen Sie ihn auf der darunter befindlichen Skala entsprechend an. Es ist möglich, dass mehrere Antwortalternativen den gleichen Erklärungswert besitzen.

■ Deutungen

a) Auch Bedienungen in einem Café müssen in England im Anzug arbeiten und deswegen sollte man zum Vorstellungsgespräch entsprechend gekleidet sein.

| sehr zutreffend | eher zutreffend | eher nicht zutreffend | nicht zutreffend |

b) In England wird dem Einzelnen viel Freiraum zugestanden. Es gibt allerdings eine Reihe von Ritualen, die dies einschränken. Dazu gehören die Kleidervorschriften für Vorstellungsgespräche.

| sehr zutreffend | eher zutreffend | eher nicht zutreffend | nicht zutreffend |

c) Zurückhaltung gehört zu den englischen Tugenden, außer in Sachen Kleidung – nicht umsonst stammen die Begriffe »Dandy« und »Snob« aus dem Englischen.

| sehr zutreffend | eher zutreffend | eher nicht zutreffend | nicht zutreffend |

d) Der Mitbewohner kommt aus einer gehobeneren Schicht und dort wird ganz besonders Wert auf eine gepflegte Erscheinung gelegt.

| sehr zutreffend | eher zutreffend | eher nicht zutreffend | nicht zutreffend |

- Versuchen Sie, Ihre Einstufung jeder Antwortalternative zu begründen. Halten Sie die Begründung in schriftlicher Form stichpunktartig fest.
- Lesen Sie nun die Erläuterungen zu jeder Antwortalternative durch und vergleichen diese mit Ihren eigenen Begründungen.

■ Bedeutungen

Erläuterung zu a):
Dies ist in England von Café zu Café und von Pub zu Pub verschieden. Zwar gelten dort häufiger Kleidervorschriften für die Angestellten (»suit and tie« oder eine spezielle Uniform) als in Deutschland, aber in diesem Fall scheint dies nicht zuzutreffen, denn sonst wäre Frau Huber sicher nicht so überrascht. Es muss einen anderen Grund geben, warum Andrew diese Kleidung wählte.

Erläuterung zu b):

Von der Schulzeit an sind englische Frauen und Männer viel stärker als in Deutschland daran gewöhnt, Kostüm oder Anzug zu tragen. Dienen diese Schuluniformen noch ausdrücklich dem Verwischen von Klassenunterschieden, so erfolgt im Berufsleben eine gesellschaftliche Differenzierung zwischen white-collar-workers (Angestellte, Bürokräfte) und blue-collar-workers (Arbeiter, Handwerker) über die Kleidervorschriften. Diese gesellschaftliche Differenzierung wird für manche Bereiche des öffentlichen Lebens toleriert, ein Betonen der eigenen Person durch die Kleidung im öffentlichen Leben wird hingegen meist abgelehnt. Diese Kleidervorschriften spiegeln die englische Abneigung wider, sich in den Vordergrund zu stellen und von seinem Umfeld abzuheben. Allen Schichten gemein ist jedoch, dass für jegliche *interviews* (Vorstellungsgespräche) und offizielle Anlässe der *formal dress* gewählt wird. Dieser ist in England außerdem strenger festgelegt als in Deutschland. Männer tragen dunkle Anzüge mit unauffälligen Krawatten, Frauen Kostüme. Das Ignorieren dieser Kleidervorschriften reduziert bei einem Vorstellungsgespräch ganz drastisch die Chance, angestellt zu werden, selbst wenn man für deutsche Verhältnisse durchaus passend angezogen ist.

Erläuterung zu c):

Die Begriffe »Snob« und »Dandy« stammen zwar aus dem Englischen, werden jedoch für Personen gebraucht, die genau mit der Norm brechen, an die sich Andrew hält. Für einen Engländer ist der ein Dandy, der sich zwar teuer, aber bunt, auffällig und extravagant kleidet und damit von den konservativen Kleidervorschriften abweicht. Andrew ist aus englischer Sicht nicht im mindesten übertrieben angezogen. Dieser Eindruck entsteht nur durch die deutsche Perspektive und die Tatsache, dass es in Deutschland völlig unüblich ist, sich für einen Kneipenjob im Anzug zu bewerben.

Erläuterung zu d):

In Großbritannien ist in Kreisen der Mittel- und Oberschicht die Vorstellung von einer korrekten und angebrachten Bekleidung für bestimmte Situationen wesentlich genauer und enger definiert als dies in Deutschland der Fall ist. Deswegen gestaltet sich der Toleranzspielraum diesbezüglich kleiner, und so sollten Deutsche von Experimenten absehen, wollen sie negative Beurteilungen vermeiden. Allerdings ist dies für die vorliegende Situation von nebensächlicher Bedeutung, denn für ein Vorstellungsgespräch kleiden sich Briten schichtunabhängig in ihrem *formal dress*.

■ Beispiel 13: »Cheers!«

■ Situation

Herr Schnell hatte erst seit wenigen Tagen seine neue Stelle an der Universität angetreten. Deswegen fand er sich noch schwer zurecht und hatte es eines Morgens sehr eilig, um nicht zu spät zu einer Besprechung zu kommen. Da er noch kaum jemanden kannte, achtete er nicht besonders auf die Leute um ihn herum und marschierte zügig durch eine Schwingtür. Da hörte er, wie ihm eine Frau »Danke« (»Cheers!«) von hinten nachrief.

Wie sollte er diesen Ausruf verstehen?

- Lesen Sie nun die Antwortalternativen nacheinander durch.
- Bestimmen Sie den Erklärungswert jeder Antwortalternative für die gegebene Situation und kreuzen Sie ihn auf der darunter befindlichen Skala entsprechend an. Es ist möglich, dass mehrere Antwortalternativen den gleichen Erklärungswert besitzen.

■ Deutungen

a) In Großbritannien gilt: »Ladies first«, und die hatte Herr Schnell glatt übersehen.

| sehr zutreffend | eher zutreffend | eher nicht zutreffend | nicht zutreffend |

b) Eines der wichtigsten Höflichkeitsrituale neben »please« und »thank you« ist in Großbritannien, die Tür aufzuhalten.

sehr   eher   eher nicht   nicht
zutreffend   zutreffend   zutreffend   zutreffend

c) Der Universitätsbetrieb in England ist sehr von Hierarchien geprägt; deswegen hätte Herr Schnell eigentlich einer Dozentin die Tür aufhalten müssen.

sehr   eher   eher nicht   nicht
zutreffend   zutreffend   zutreffend   zutreffend

– Versuchen Sie, Ihre Einstufung jeder Antwortalternative zu begründen. Halten Sie die Begründung in schriftlicher Form stichpunktartig fest.
– Lesen Sie nun die Erläuterungen zu jeder Antwortalternative durch und vergleichen diese mit Ihren eigenen Begründungen.

■ Bedeutungen

Erläuterung zu a):
In traditionellen Mittelschichtkreisen besitzt die Regel »ladies first« noch stärkere Bedeutung als in Deutschland und äußert sich etwa im Aufhalten von Autotüren oder ähnlichem kavalierhaftem Verhalten. Dieses Verhalten ist jedoch nicht so weit verbreitet, dass man deswegen eine »ironische Rüge« erwarten dürfte. Diese Erklärung trifft den Kern des Problems nicht.

Erläuterung zu b):
Für Deutsche in Großbritannien ist es anfangs eine große Umstellung, sich bei jeder Tür umzuschauen, ob sich jemand hinter einem befindet, der ebenfalls durch diese Tür möchte. Dies wird allerdings erwartet, denn für Briten ist es selbst in größter Eile selbstverständlich, anderen die Tür aufzuhalten. Hier handelt es sich um eines der vielen kleinen Höflichkeitsrituale im britischen Alltag, die das Leben viel freundlicher machen, deren Missachtung jedoch als äußerst unhöflich empfunden wird. Dazu zählt gleichermaßen, dass man auf versehentliches Anrempeln eiligst mit einem »sorry« reagiert – selbst wenn man der Gestoßene ist – oder

67

dass man sich mit einem gemurmelten »excuse me« und »sorry« einen Weg durch eine Menschenansammlung bahnt. In Großbritannien gilt lieber ein »sorry«, »please« oder »thank you« zu viel gesagt als zu wenig.

Erläuterung zu c):
In Großbritannien gestaltet sich der Universitätsbetrieb in Bezug auf die Umgangsformen im Verhältnis zu den Dozenten sehr viel lockerer und entspannter als in Deutschland. Nein, damit hat dieser Ausruf nichts zu tun, der hätte auch von einem Studenten kommen können.

■ Beispiel 14: Die Verlobte

■ Situation

Herr Scholl lebt in England mit seiner britischen Freundin Sally zusammen. Sie sind verlobt und beabsichtigten, in nächster Zeit zu heiraten. Als sie gemeinsam nach Deutschland fahren, stellt er sie dort seinen Freunden als seine Freundin, »girlfriend«, vor. Am Abend kommt es deswegen zum Streit: »Warum hast du mich als deine Freundin und nicht als deine Verlobte vorgestellt? Schämst du dich meinetwegen?«

Herr Scholl versteht gar nicht, warum Sally sich so ärgert, sie weiß doch, dass er zu ihr steht.

– Lesen Sie nun die Antwortalternativen nacheinander durch.
– Bestimmen Sie den Erklärungswert jeder Antwortalternative für die gegebene Situation und kreuzen Sie ihn auf der darunter befindlichen Skala entsprechend an. Es ist möglich, dass mehrere Antwortalternativen den gleichen Erklärungswert besitzen.

■ Deutungen

a) Ab einem gewissen Alter ist es in Großbritannien peinlich, als Freundin vorgestellt zu werden und nicht als Verlobte.

| sehr zutreffend | eher zutreffend | eher nicht zutreffend | nicht zutreffend |

b) Die Verlobung hat in Großbritannien einen höheren Stellenwert als in Deutschland.

| sehr zutreffend | eher zutreffend | eher nicht zutreffend | nicht zutreffend |

c) »Freundin« bedeutet in Großbritannien nicht viel mehr als gute Bekannte, und deswegen fühlt sich Sally zu Recht zurückgesetzt.

| sehr zutreffend | eher zutreffend | eher nicht zutreffend | nicht zutreffend |

d) In England macht das einen Riesenunterschied, denn nur verlobte Paare dürfen sich öffentlich zueinander bekennen.

| sehr zutreffend | eher zutreffend | eher nicht zutreffend | nicht zutreffend |

— Versuchen Sie, Ihre Einstufung jeder Antwortalternative zu begründen. Halten Sie die Begründung in schriftlicher Form stichpunktartig fest.

— Lesen Sie nun die Erläuterungen zu jeder Antwortalternative durch und vergleichen diese mit Ihren eigenen Begründungen.

■ Bedeutungen

Erläuterung zu a):

In Großbritannien hat die Bedeutung der Ehe gerade in der jüngeren Generation in den letzten 20 Jahren drastisch abgenommen (mehr als 25 % Rückgang der Eheschließungen!). Darüber hinaus ist das durchschnittliche Heiratsalter deutlich angestiegen und liegt ähnlich wie in Deutschland bei 33 bzw. 31 Jahren bei Männern und Frauen. Daher gibt es in Großbritannien keine abweichende Vorstellung zu Deutschland, dass man ab einem be-

69

stimmten Alter verheiratet sein müsste. Diese Antwort ist also unzutreffend.

Erläuterung zu b):

Entscheiden sich Engländer für die Ehe, so kommt der Verlobung tatsächlich eine größere Bedeutung als in Deutschland zu. Dies lässt sich damit erklären, dass Engländer weniger dazu neigen, Privatangelegenheiten, noch dazu so emotionale, in die Öffentlichkeit zu tragen. Durch die Verlobung wird dies erleichtert, weil es in einem festen Rahmen und in ritualisierter Form geschieht. Vor diesem Hintergrund ist es verständlich, dass Sally gekränkt ist, wenn ihr Freund die Verlobung sozusagen unterschlägt. In dieser Deutlichkeit dürfte die Situation allerdings nur bei Personen der Mittel- und Oberschicht zu erwarten sein.

Erläuterung zu c):

Im englischen Sprachgebrauch ist es in der Tat etwas unspezifisch und vage, wenn man seine Freundin als »girlfriend« vorstellt, denn dabei könnte es sich auch um eine gute Bekannte handeln. In aller Regel wird dieser Ausdruck aber schon so interpretiert, dass es sich um die eine, spezielle Freundin handelt. So beleuchtet diese Erklärung nicht vollständig den Hintergrund für Sallys Verhalten.

Erläuterung zu d):

Es richtig, dass junge Paare in England selten Hand in Hand in der Öffentlichkeit zu sehen sind und dort auch kaum Zärtlichkeiten austauschen. Ebenso fallen die Bekenntnisse zueinander vor anderen eher unauffällig und bescheiden aus. Die englische Autorin eines »Knigges für Großbritannien« erklärt dies damit, dass es peinlich wäre, Außenstehenden auf diese Weise zu zeigen, »was für eine großartige Beziehung« man hat. Diese Zurückhaltung ändert sich jedoch nicht mit der Verlobung und bewirkt auch absolut nicht, dass man sich vor der Verlobung nicht zu seinem Partner bekennen darf.

■ Kulturelle Verankerung von »Ritualisierung«

Der englische Kulturstandard, der den drei vorangegangenen Episoden zugrunde liegt, heißt *Ritualisierung* – ein sehr wichtiges Konzept in der britischen Gesellschaft. Scheint dies auf den ersten Blick nichts anderes zu sein als Konservatismus, so bedeuten die Vielzahl an Ritualen weit mehr als das Festhalten an traditionellen Werten. In einem Land, das sehr vom Individualismus seiner Bewohner geprägt ist, gewährleisten diese Formalien den Zusammenhalt und eine möglichst geringe Reibung in der Gesellschaft. Deutlich tritt dieser Kulturstandard im Rechts- und Staatswesen in Erscheinung. Bildet in Deutschland eine Verfassung nicht nur den rechtlichen, sondern auch den gesellschaftlichen Rahmen des Staates, so wollten sich die Briten nie auf eine Konstitution einlassen. Ihre Grundwerte sind mit althergebrachten Symbolen und Ritualen verknüpft, deren Abschaffung in den meisten Fällen einen Aufschrei der Entrüstung auslösen würde. Sie repräsentieren eine Verfassung, die nicht real als gesetztes Recht, sondern im Bewusstsein der Bevölkerung existiert. So ist ein weiterer wichtiger Aspekt dieses Kulturstandards die Gewährleistung der Kontinuität in der Gesellschaft durch den betonten Rückgriff auf Elemente aus der Geschichte des Landes.

Das prominenteste Beispiel hierfür ist die Königsfamilie, der trotz aller Querelen immer noch eine einflussreiche, integrierende Funktion zukommt, die über ihre tatsächliche politische Macht hinausgeht. Dazu zählen aber auch die Zeremonien bei der Eröffnung des Parlaments, die dessen Rang unterstreichen. Die Liste könnte beliebig verlängert werden, sei es um den *woolsack* (gefüllt mit Wolle aus allen Teilen des Königreichs) auf dem der Lordkanzler im Oberhaus präsidiert, die *mace* (Symbol der Autorität des Sprechers des Unterhauses) oder um die vielen Feierlichkeiten anlässlich historisch bedeutsamer Ereignisse (Trafalgar, V-Day).

Der Kulturstandard *Ritualisierung* äußert sich aber nicht nur auf staatlicher Ebene oder in Feierlichkeiten, sondern wird auch direkt im Leben jedes einzelnen Briten wirksam.

Zunächst zeigt er sich in der starken Identifikation der Briten mit Gruppen, denen sie angehören. Diese reicht von einem ausgeprägten Patriotismus über den Stolz auf die eigene Universität (Herkunftsfamilie, Schule, Betrieb) bis hin zur Zugehörigkeit zu bestimmten *societies* oder Clubs. Diese Form der emotionalen Bindung wirkt auf Deutsche sehr befremdlich, denn für sie stellt beispielsweise die Universität eine anonyme Einrichtung dar, mit der man sich kaum identifiziert und Nationalstolz wird leicht in der Nähe von Rechtsradikalismus gesehen.

So begegnen Deutsche immer wieder nationalen Symbolen wie dem Union Jack (durchaus auch in Studentenzimmern an der Wand zu finden) und sind versucht, deutsche Bewertungsmaßstäbe anzulegen, begegnen also den betreffenden Personen mit einer gewissen Skepsis. Für Briten ist dies jedoch ganz selbstverständlich, selbst Pop-Gruppen zeigen sich in entsprechender Kleidung oder benutzen Musikinstrumente, die der Union Jack ziert.

Eine besondere Art der Uniformierung sind die strikten *dress-codes*, ungeschriebene Kleiderordnungen, die für bestimmte Berufe gelten, die *white collar jobs* (wörtlich »Berufe mit weißem Kragen«). Sie können aber auch in gewissen Situationen wie bei Vorstellungsgesprächen oder in Restaurants bindend sein. Sie lassen überraschend wenig Spielraum und setzen der Individualität klare Grenzen: Mit dem Ziel der Integration in bestimmte Gruppen und um Klassenunterschiede zu verwischen (Beispiel Schuluniform), wird an dieser Kleiderordnung festgehalten.

Die Voraussetzungen für die Ausbildung des Kulturstandards *Ritualisierung* liegen weitgehend in der langen Kontinuität der englischen Geschichte und der Homogenität des Landes. So erfolgte im Jahre 1066 mit dem Normannen William the Conqueror die letzte Eroberung Englands, und dieser neue Herrscher war klug genug, die alten angelsächsischen Gesetze, das *common law*[1], weitgehend beizubehalten. Auf dieses Gewohnheitsrecht wird noch heute zurückgegriffen. Seit diesem Zeitpunkt gab es keine extremen Einschnitte mehr in die Gesellschaftsform, wie dies auf dem Kontinent etwa mit dem Dreißigjährigen Krieg erlebt wurde. Gerade in Deutschland wäre solch ein Rückgriff auf einigende, gemeinsame Rituale schwerlich möglich – es existieren

---

1 Unter »common law« wird das lange Zeit mündlich überlieferte Gewohnheitsrecht in Großbritannien verstanden.

kaum solche Symbole, da die Nation erst seit dem Ende des 19. Jahrhunderts besteht, und den Elementen aus den ersten 45 Jahren des 20. Jahrhunderts kann solch eine Rolle absolut nicht zukommen. Die Gemeinschaft kann sich also hier nicht durch die Kontinuität und gemeinhin akzeptierte Symbole aus der Vergangenheit des Landes definieren.

■ Themenbereich 4: Pragmatismus

■ Beispiel 15: Die Putzhilfe

■ Situation

Herr Dorsch entschied sich beim Antritt seiner Stelle in York, in einem »shared flat« (Wohngemeinschaft) zu wohnen, und war sehr froh, dass dies in England auch für ledige Erwerbstätige üblich war, denn dies erleichterte ihm das Einleben ganz wesentlich. Leider ergaben sich jedoch Probleme mit seinen Mitbewohnern, die sich überhaupt nicht um die Sauberkeit in der Küche zu scheren schienen. Als er einen von ihnen darauf ansprach, bekam er zu Antwort: »Wo ist dein Problem? Jeden zweiten Tag kommt doch unsere Putzhilfe und räumt alles auf!« Von den anderen bekam er ganz ähnliche Reaktionen zu hören.

Herr Dorsch kam das ganze Verhalten unsozial vor und ihm war auch nicht klar, wie man so gleichgültig und unordentlich sein konnte.

– Lesen Sie nun die Antwortalternativen nacheinander durch.
– Bestimmen Sie den Erklärungswert jeder Antwortalternative für die gegebene Situation und kreuzen Sie ihn auf der darunter befindlichen Skala entsprechend an. Es ist möglich, dass mehrere Antwortalternativen den gleichen Erklärungswert besitzen.

■ Deutungen

a) Gerade in der Mittel- und Oberschicht ist man es in England eher gewohnt, dass eine Hausangestellte für solche Aufgaben zuständig ist und man deswegen selbst nichts machen muss.

| sehr zutreffend | eher zutreffend | eher nicht zutreffend | nicht zutreffend |

b) Die Mitbewohner waren beleidigt, dass er ihnen diese Arbeit zumuten wollte.

| sehr zutreffend | eher zutreffend | eher nicht zutreffend | nicht zutreffend |

c) Briten genügt es völlig, wenn die Küche so sauber ist, dass man sie halbwegs nutzen kann. Ordentlich aussehen muss es deswegen noch lange nicht.

| sehr zutreffend | eher zutreffend | eher nicht zutreffend | nicht zutreffend |

d) Seine Mitbewohner wollten einfach keine Anweisungen von ihm entgegen nehmen.

| sehr zutreffend | eher zutreffend | eher nicht zutreffend | nicht zutreffend |

– Versuchen Sie, Ihre Einstufung jeder Antwortalternative zu begründen. Halten Sie die Begründung in schriftlicher Form stichpunktartig fest.
– Lesen Sie nun die Erläuterungen zu jeder Antwortalternative durch und vergleichen diese mit Ihren eigenen Begründungen.

■ **Bedeutungen**

Erläuterung zu a):
Diese Erklärung beruht stark auf dem Stereotyp der wohlhabenden adeligen englischen Familie mit Hausmädchen, dessen sich auch immer wieder die Medien bedienen. Diese Vereinfachung wird den tatsächlichen Verhältnissen in England überhaupt nicht gerecht, denn man kann davon ausgehen, dass nur die wenigsten Studenten aus ihrem Elternhaus an ein Dienstmädchen gewöhnt sind. Somit erklärt diese Antwort nicht das Verhalten der Mitbewohner.

Erläuterung zu b):

Diese Antwort geht davon aus, dass sich Briten ab einem gewissen Bildungsniveau »zu fein« sind, um in der Küche zu putzen. Ebenso wie die vorige Erklärung ist dies eine verzerrte Vorstellung von den Bewohnern der Insel, die eben nicht mehrheitlich aus Lords und Ladys besteht. Eine stärkere Differenzierung als in Deutschland scheint jedoch bei den Geschlechterrollen vorzuliegen, so dass manche Arbeiten etwa eher als »unmännlich« eingeschätzt werden. In dieser Situation kommt dies allerdings nicht zum Tragen.

Erläuterung zu c):

Sauberkeit besitzt in England bei weitem nicht denselben ideellen Wert wie in Deutschland. Man putzt und kehrt also nicht, damit etwas sauber und ordentlich aussieht, sondern um ein Funktionieren zu gewährleisten. Deswegen sehen Herrn Dorschs Mitbewohner keinen Grund, selbst etwas zur Sauberkeit in der Küche beizutragen. Ihnen genügt es, wenn die Küche benutzt werden kann, und dieser Standard wird von der Putzhilfe aufrechterhalten. Die Tatsache, dass es dann gelegentlich zwischen diesen Putzzeiten auch nicht so gut um die Sauberkeit in der Küche bestellt ist, wird nicht als problematisch angesehen. Man weiß ja: Spätestens am nächsten Tag bringt die Putzhilfe dies in Ordnung, und sie wird ja schließlich dafür bezahlt.

Erläuterung zu d):

In Deutschland wäre es ebenfalls sehr unwahrscheinlich, dass gleichberechtigte Bewohner Anweisungen von Mitbewohnern ausführen. In der Situation sind jedoch keine Hinweise enthalten, dass sich Herr Dorsch gegenüber seinen Mitbewohnern im Ton vergreift. Die Probleme rühren vielmehr daher, dass für die Briten Sauberkeit nicht dieselbe Bedeutung besitzt wie für Herrn Dorsch.

■ Beispiel 16: Smarte Lösung

■ Situation

Ein deutscher Automobilzulieferer übernimmt eine englische Firma, die ebenso wie das deutsche Unternehmen Elektromotoren herstellt. Herr Kandzia, ein deutscher Ingenieur, wunderte sich bei der Besichtigung der Produktionsstätten über einen für ihn unerklärlichen Arbeitsschritt: Jeder der fertiggestellten Elektromotoren wird mit einem Kabelbinder, einem kleinen Plastikband umwickelt. Er erkundigte sich, wofür dieser scheinbar sinnlose Arbeitsgang nötig ist: Ein Arbeiter erklärt ihm, dass sich vor drei Jahren ein Kunde über zu laute Motorengeräusche beschwert habe und da seien sie auf die Idee gekommen, die Vibration durch die Umwicklung mit dem Band zu beheben. Danach sei alles in Ordnung gewesen. Herr Kandzia ist entsetzt, seit drei Jahren dieser Zustand – er leitet sofort eine detaillierte Untersuchung ein, woher die Motorengeräusche stammen, um die Ursache zu beheben. Wie erklären Sie sich das Verhalten der Engländer?

- Lesen Sie nun die Antwortalternativen nacheinander durch.
- Bestimmen Sie den Erklärungswert jeder Antwortalternative für die gegebene Situation und kreuzen Sie ihn auf der darunter befindlichen Skala entsprechend an. Es ist möglich, dass mehrere Antwortalternativen den gleichen Erklärungswert besitzen.

■ Deutungen

a) Aufgrund der englischen freiheitlichen Traditionen haben die einzelnen Mitarbeiter mehr Freiräume. Diese werden manchmal auch für unkonventionelle Lösungen genutzt.

sehr   eher   eher nicht   nicht
zutreffend   zutreffend   zutreffend   zutreffend

b) In England steht die Lösung des Problems im Vordergrund – diese Lösung ist schnell und kostengünstig und damit gut.

sehr
zutreffend   eher
zutreffend   eher nicht
zutreffend   nicht
zutreffend

c) Britische Kunden haben niedrigere Qualitätserwartungen als in Deutschland, daher ist diese Lösung für sie völlig in Ordnung.

sehr
zutreffend   eher
zutreffend   eher nicht
zutreffend   nicht
zutreffend

d) Die Aussage des Mitarbeiters ist nicht zutreffend, er will damit einen aktuellen Fehler vertuschen.

sehr
zutreffend   eher
zutreffend   eher nicht
zutreffend   nicht
zutreffend

- Versuchen Sie, Ihre Einstufung jeder Antwortalternative zu begründen. Halten Sie die Begründung in schriftlicher Form stichpunktartig fest.
- Lesen Sie nun die Erläuterungen zu jeder Antwortalternative durch und vergleichen diese mit Ihren eigenen Begründungen.

◼ Bedeutungen

Erläuterung zu a):
Tatsächlich bestehen in Großbritannien Traditionen wie die des »freeborn Englishman«, die die individuelle Freiheit betonen und eine hohe Sensibilität für Bevormundung bedingen. Diese Traditionen beeinflussen vor allem den Kommunikationsstil zwischen Mitarbeiter und Führungskraft. Ansonsten wird das Wechselspiel zwischen Führungskraft und Mitarbeiter dadurch charakterisiert, dass weniger über langfristige Planung und genau definierte Prozesse geführt wird, sondern durch häufigen, engen Kontakt, der eine schnelle Anpassung an sich ändernde Gegebenheiten ermöglicht. Dies wirkt auf Deutsche oft hierarchischer als der Führungsstil in Deutschland, weil dort durch genau beschriebene Aufgaben individuelle Handlungsspielräume definiert werden.

79

Dies bedeutet, in Großbritannien haben Mitarbeiter auf keinen Fall den Freiraum, eine solche Entscheidung allein zu treffen – noch dazu, wenn es sich wie hier um einen Produktionsmitarbeiter handelt.

Erläuterung zu b):
Briten bevorzugen schnelle und pragmatische Lösungen anstelle von grundsätzlicher und umfassender Problembeseitigung, wie sie häufig in Deutschland bevorzugt wird. Dies spiegelt sich in vielen Facetten des Arbeitsalltags wider. In Großbritannien verstehen sich zum Beispiel Führungskräfte im wirklichen Wortsinn als »manager«, als »Ermöglicher« – in Deutschland sind Führungskräfte oft fachliche Experten, die aufgrund ihrer sozialen Fähigkeiten (leider nicht immer) befördert wurden. Die Ausbildungsphilosophien in den beiden Ländern haben ebenfalls unterschiedliche Schwerpunkte. Dem deutschen »wenn wir was machen, dann richtig« steht das britische »Hauptsache es funktioniert!« gegenüber. Und wenn diese funktionierende Lösung auch noch günstig ist wie in diesem Fall, hat sie Chancen, in einem »trial and error« erprobt zu werden. In der Praxis wird leider das Synergiepotenzial dieses Kulturunterschiedes viel zu selten gesehen und genutzt: Während Briten dem Kunden ihre schnelle Lösung anbieten, verschafft dies den Deutschen den Zeitraum, den sie gern für die grundsätzliche Lösung hätten. Viel häufiger wird die britische Lösung von den Deutschen als minderwertig und unprofessionell gesehen und umgekehrt die deutsche Analyse von den Engländern als umständlich, langsam und übertrieben.

Die Wurzeln dieses grundlegenden Unterschieds lassen sich auf über 200 Jahre zurückreichende, divergierende gesellschaftliche und philosophische Wurzeln, wie zum Beispiel den Utilitarismus in England und die Kant'sche Moralethik in Deutschland zurückführen. Diese kulturhistorischen Unterschiede werden in der Zusammenfassung am Ende dieses Kapitels genauer ausgeführt.

Erläuterung zu c):
Qualität ist ein Konzept, das durchaus auch kulturell geprägt ist. In Deutschland steht häufig die Produktqualität im Vordergrund:

Zuverlässigkeit, Haltbarkeit, Umsetzung der Anforderungen. Für Briten spielt die Servicequalität eine mindestens genauso große Rolle: Wie schnell werden Probleme behoben, wie freundlich und entgegenkommend ist der persönliche Kontakt? So ist es sehr wahrscheinlich, dass in diesem Fall britische Kunden zunächst einmal von der Schnelligkeit und Kostenneutralität der Problemlösung beeindruckt sind und die mangelhafte Konstruktion des Motors nicht so sehr im Zentrum der Kritik steht wie in Deutschland. Dort würde die Gefahr bestehen, dass Kunden diese improvisierte Lösung nicht akzeptieren und eine nachhaltige Problemlösung fordern. Die dauert aber natürlich länger.

Erläuterung zu d):
Natürlich kann es sein, dass auch Mitarbeiter in Großbritannien versuchen Fehler mit zu vertuschen. Darin unterscheiden sich Deutsche nicht von Briten. In dieser Situation handelt es sich aber nicht um einen einmaligen Produktionsfehler, sondern um ein grundsätzliches Problem mit dem Motor, das durch den fest etablierten Produktionsschritt mit den Kabelbindern behoben wird. Diese Antwort trifft nicht zu.

■ Beispiel 17: Der Umzug

■ Situation

Herr Schröder wohnte in Bristol in einer Firmenwohnung. Ein Monat vor Ablauf seines Mietvertrags bekam er eine Arbeitsstelle angeboten und bemühte sich deswegen um eine vorzeitige Kündigung seines Mietverhältnisses. Dies führte zu mehreren Treffen und Besprechungen mit dem Vermieter, doch zum Antritt seiner Stelle konnte ihm immer noch niemand sagen, ob er nun für den letzten Monat zahlen müsse oder nicht. Als er sich zwei Tage vor seinem Auszugstermin noch mal erkundigte, sagte ihm der Angestellte in der Firmenverwaltung: »Ziehen Sie doch einfach aus und zahlen Sie keine Miete mehr.« »Und das wird keine Komplikationen geben?«, wollte Herr Schröder wissen. »Gut, das kann ich Ihnen nicht garantieren, es ist ja noch nicht entschieden.«

Wie sollte Herr Schröder die Aussage des Angestellten deuten?

– Lesen Sie nun die Antwortalternativen nacheinander durch.
– Bestimmen Sie den Erklärungswert jeder Antwortalternative für die gegebene Situation und kreuzen Sie ihn auf der darunter befindlichen Skala entsprechend an. Es ist möglich, dass mehrere Antwortalternativen den gleichen Erklärungswert besitzen.

■ Deutungen

a) Dem Angestellten war die Sache einfach egal, und er wollte sich nicht länger mit Herrn Schröder abgeben. Wenn seine Aussage falsch wäre, hätte ja nur Herr Schröder Scherereien.

| sehr zutreffend | eher zutreffend | eher nicht zutreffend | nicht zutreffend |

b) Der Angestellte wundert sich ohnehin schon die ganze Zeit darüber, dass Herr Schröder nicht einfach vollendete Tatsachen schafft. Man muss doch nicht alles hundertprozentig geklärt haben.

| sehr zutreffend | eher zutreffend | eher nicht zutreffend | nicht zutreffend |

c) Der Angestellte hat den Auftrag, so zu handeln, um Herrn Schröder in Schwierigkeiten zu bringen.

| sehr zutreffend | eher zutreffend | eher nicht zutreffend | nicht zutreffend |

d) Der Angestellte will sich für Herrn Schröder verwenden, kann das aber aufgrund der sprichwörtlich englischen Zurückhaltung nicht offen sagen.

| sehr zutreffend | eher zutreffend | eher nicht zutreffend | nicht zutreffend |

– Versuchen Sie, Ihre Einstufung jeder Antwortalternative zu begründen. Halten Sie die Begründung in schriftlicher Form stichpunktartig fest.

– Lesen Sie nun die Erläuterungen zu jeder Antwortalternative durch und vergleichen diese mit Ihren eigenen Begründungen.

■ Bedeutungen

Erläuterung zu a):

Man kann sicher nicht ausschließen, dass es dem Mitarbeiter in der Verwaltung lästig wurde, Herrn Schröders Anfrage zu bearbeiten. Jedoch bleibt zweifelhaft, ob er dies tatsächlich als probates Mittel erachten würde, um den hartnäckigen Deutschen loszuwerden, denn der hatte ja erkennen lassen, dass er bei Schereien zurückkommen würde. Diese Erklärung trifft nicht so sehr den Kern, denn es gibt andere Gründe, warum Briten eher zur Tat schreiten als Deutsche dies tun.

Erläuterung zu b):

Bei Briten ist das Bedürfnis, alles genau geklärt zu haben bevor man zur Tat schreitet, wesentlich schwächer ausgeprägt als bei Deutschen. Man erwartet keine schriftlichen Bestätigungen und eine detaillierte Planung, sondern es wird oft erst gehandelt, probiert und gegebenenfalls korrigiert. So auch in diesem Fall: Wenn Herr Schröder zum Ende des Monats ausziehen will, soll er dies doch tun und die Mietzahlung einstellen. Wenn dies nicht korrekt ist, wird er es rechtzeitig erfahren und dann eben zur Kasse gebeten werden. Aber, so die englische Sichtweise, diese Unklarheit darf einen doch nicht länger beschäftigen und davon abhalten, seine Aufmerksamkeit auf wirklich wichtige Dinge zu richten. Für uns Deutsche ist es höchst unangenehm, eine solche Situation ungeklärt zu lassen und diese Unsicherheit zu ertragen, was uns in englischen Augen immer wieder als Pedanten erscheinen lässt. Briten hingegen wirken auf uns in diesem Zusammenhang eher als ungenau und vage.

Erläuterung zu c):

Es mag Firmen geben, die ihren Mitarbeitern Stolpersteine in den Weg legen, wenn der Abschied nicht in ihr Konzept passt. Aber mit diesem Verhalten hätte die Firma englischen Mitarbeiter/-innen nicht behindern können, da diese ohnehin mit großer Wahrscheinlichkeit für sich die Entscheidung getroffen hätten auszuziehen und die Zahlung einzustellen, wenn sie von der Firma keine Auskunft bekommen hätten.

Erläuterung zu d):
Zurückhaltung und Selbstkontrolle verhindern immer wieder, dass Engländer offen zu ihren Verdiensten stehen. Doch in dieser Konstellation gibt es keinen Hinweis auf die Vermutung, der Angestellte wolle sich besonders für Herrn Schröder einsetzen und verberge dies.

■ Beispiel 18: Deutsch-englisches Haus

■ Situation

Ein deutsch-englisches Team veranstaltet einen Workshop mit Outdoor-Elementen, um die Zusammenarbeit zu verbessern. Ein Bestandteil der Veranstaltung ist der Bau einer Holzhütte auf Stelzen. Dazu wird dem Team ein Bausatz mit einem groben Bauplan zur Verfügung gestellt. Gemeinsam wird das gesamte Material ausgepackt, die Deutschen beginnen gleich die Bauteile zu sortieren und stellen fest, dass wichtige Elemente fehlen: Balken, Verschraubungen etc. Sie gehen zum Seminarleiter und reklamieren, dass der Bausatz nicht vollständig sei. In diesem Moment bemerken die Deutschen, dass die englischen Kollegen schon einige Balken am vorgesehenen Bauplatz zusammenschrauben und offensichtlich durch »bloßes Rumprobieren« herausfinden wollen, wie die Teile zusammenpassen: genau die Teile, die die Deutschen vermisst hatten. Das fanden die Deutschen total typisch für ihre Teamprobleme. Wie war das Verhalten der englischen Kollegen zu erklären?

– Lesen Sie nun die Antwortalternativen nacheinander durch.
– Bestimmen Sie den Erklärungswert jeder Antwortalternative für die gegebene Situation und kreuzen Sie ihn auf der darunter befindlichen Skala entsprechend an. Es ist möglich, dass

mehrere Antwortalternativen den gleichen Erklärungswert besitzen.

■ Deutungen

a) Die englischen Kollegen hatten schon verstanden, wie das Haus zusammenpasst, wollten die Deutschen aber nicht bevormunden und hatten deshalb schon mal dezent angefangen, das Haus aufzubauen.

sehr zutreffend   eher zutreffend   eher nicht zutreffend   nicht zutreffend

b) Briten sind sehr wettbewerbsorientiert – sie wollten den Deutschen zeigen, dass sie schneller sind.

sehr zutreffend   eher zutreffend   eher nicht zutreffend   nicht zutreffend

c) Den englischen Kollegen war die systematische Vorbereitung der Deutschen zu langsam und langweilig. Sie bevorzugten »learning by doing«.

sehr zutreffend   eher zutreffend   eher nicht zutreffend   nicht zutreffend

d) Die Briten hatten sich einen Spaß erlaubt und waren gespannt, wann die Deutschen dies bemerken würden. Britischer Humor eben.

sehr zutreffend   eher zutreffend   eher nicht zutreffend   nicht zutreffend

– Versuchen Sie, Ihre Einstufung jeder Antwortalternative zu begründen. Halten Sie die Begründung in schriftlicher Form stichpunktartig fest.
– Lesen Sie nun die Erläuterungen zu jeder Antwortalternative durch und vergleichen diese mit Ihren eigenen Begründungen.

■ Bedeutungen

Erläuterung zu a):
Es stellt sich die Frage, wie im jeweiligen Kulturraum »ich habe es verstanden« definiert wird: Aus britischer Sicht mag eine grobe Idee genügen, um dann mit kompetentem »trial and error« zu beginnen. Daher kann es gut sein, dass die Briten das Gefühl haben, schon genug zu wissen, um loszulegen. Aus deutscher Sicht wirkt dies eher wir Aktionismus. Dass die Briten aber zu zurückhaltend waren, um es den Deutschen zu sagen, ist eher unwahrscheinlich – in britischen Teams kommt es nicht selten vor, dass unterschiedliche Herangehensweisen gleichzeitig getestet werden. Der Chef koordiniert dies dann. Nun gut, das hat in dieser Situation nicht so gut geklappt.

Erläuterung zu b):
Briten lieben Wettspiele und es mag durchaus sein, dass bei manchen besonderer (sportlicher) Ehrgeiz geweckt wird, wenn es gegen Deutsche geht. In dieser Situation gibt es allerdings keine Belege, dass sie sich besonders an den Deutschen orientiert hätten, um zu prüfen, ob sie schneller sind. Es scheint vielmehr so, als ob sie einfach »ihr Ding« machen und dabei gerade nicht besonders darauf achten, was gerade die Deutschen tun, nämlich zu prüfen ob alles da ist.

Erläuterung zu c):
Sehr häufig wirkt auf Engländer das systematische Vorgehen der Deutschen zu langsam. Die englische Reaktion auf Zeitdruck ist häufig: »Lasst uns sofort anfangen, damit wir keine Zeit verlieren!« Die deutsche Reaktion geht hingegen eher in die Richtung: »Wir haben wenig Zeit, also muss der erste Schuss sitzen. Wir haben wahrscheinlich keine Zeit für einen zweiten! Also sorgfältig und mit Bedacht vorgehen!« Genau diese unterschiedlichen Prioritäten konnte man in der Situation beobachten.

Erläuterung zu d):
Diese Art von Spaß unter Kollegen, gerade im Rahmen eines Teamworkshops, kann bei Briten sehr wohl vorkommen: Nicht

alles ernst nehmen und gerade Kollegen, die sehr ernsthaft ein Problem angehen, auf die Schippe nehmen. Allerdings waren die Briten in dieser Situation auch sehr engagiert am Problemlösen, so dass diese Antwort eher unwahrscheinlich ist.

◾ Kulturelle Verankerung von »Pragmatismus«

Der englische Kulturstandard, der den fünf vorangegangenen Geschichten zugrunde liegt, heißt *Pragmatismus*. Pragmatismus bedingt besonders im Arbeitsleben, an der Schule oder der Universität Verhaltensweisen, die deutschen Normen geradezu entgegenstehen: Man findet bei Briten wenig Liebe zu detaillierter, weitreichender Planung, eine profunde Abneigung gegen Prinzipien, deren praktischer Nutzen unklar ist und eine ablehnende Haltung gegenüber theoretischen Überlegungen, die weit über eigene Erfahrungen hinausgehen. Die logische Konsequenz daraus ist, dass man in England lieber flexibel auf die aktuelle Situation reagiert.

Eine sehr weitreichende Kompromissbereitschaft – *sense of compromise* – paart sich mit dem *muddling through*, dem Sich-irgendwie-Durchwursteln und ermöglicht es den Briten, in manchmal (für deutsches Empfinden) fast chaotischen Verhältnissen zu bestehen. Der Kompromiss und die Einigung sind erstrebenswerter als die ursprüngliche Idee. Wichtig ist, eine Lösung zu finden, selbst wenn dafür sehr viel Zeit in Anspruch genommen wird. Diese Flexibilität ist kombiniert mit einer ausgeprägten Toleranz gegenüber ambivalenten Konstellationen, eine Haltung, die der deutschen Vorliebe für eine exakte und ausführliche Planung entgegensteht.

Einen weiteren Aspekt, der mit dem Kulturstandard *Pragmatismus* gekoppelt ist, bezeichnet man in England als *common sense*, gesunder Menschenverstand. Er spielt bei Entscheidungsfindungsprozessen eine zentrale Rolle. Eine neue Idee wird zunächst immer der Prüfung unterzogen, inwieweit sie durch Erfahrung abgesichert ist. Je weiter sie sich von bisherigen empirischen Erkenntnissen abhebt, um so skeptischer wird sie beäugt. Auf dieser Basis haben abstrakte Ideologien und Theorien in England zunächst immer einen schweren Stand, bis sie ihre Tauglichkeit bewiesen haben.

So entsteht ein Gleichgewicht: auf der einen Seite die nüchterne, mit beiden Füßen auf dem Boden stehende Beurteilung (*down to earth*) einer Idee oder eines Vorschlags bezüglich des direkten Nutzens und der Chancen zur Verwirklichung. Auf der anderen Seite wird eine detaillierte Planung nicht mehr für nötig erachtet, denn man bewegt sich ja auf bekanntem Terrain.

Deutlich äußern sich deutsch-englische Unterschiede im Bereich der Wissenschaft: Werden in England besonders Ausführungen geschätzt, die durch große Anschaulichkeit und allgemeine Verständlichkeit glänzen, so ist es in Deutschland eher Usus, dass die Komplexität des Sachverhaltes sich in dessen Darstellung widerspiegelt. Auch liegt in der deutschen Forschung eine stärkere Betonung auf dem theoretischen Unterbau, während in England das Pferd gern anders aufgezäumt wird und zunächst nach empirischen Grundlagen gesucht wird, aus denen dann eine Theorie entwickelt werden kann.

Alfred Weber, Begründer der Kultursoziologie, sah einen Zusammenhang zwischen der starken Ausprägung pragmatischen Handelns in einer Kultur mit deren ursprünglichen Bewirtschaftungsformen. In England und in Zentralasien war dies die Schafzucht, eine weitgehend witterungsunabhängige Form der Landwirtschaft, die wenig Planung benötigte und bei der man auf die Erfahrungen der Vorjahre aufbauen konnte. Im Gegensatz dazu förderte die sehr stark von der nicht vorhersagbaren Witterung abhängige Ackerwirtschaft in Deutschland ein Planen für alle Eventualitäten und Spekulationen über zukünftige Entwicklungen.

Man braucht allerdings gar nicht so weit in der Geschichte zurückzugehen, um die Spuren des Kulturstandards *Pragmatismus* aufzunehmen. Nach der Reformation entwickelten sich die philosophischen Strömungen in England in eine andere Richtung als auf dem Kontinent. Die Erfahrung wurde als einzig zuverlässige Grundlage der Erkenntnis anerkannt. Diese empiristische Erkenntnislehre (englischer Empirismus) beeinflusst das Denken und Handeln der Briten bis heute. Außerdem erfolgte eine starke Ausrichtung der Philosophen an aktuellen, vor allem politischen Problemen; John Locke war einer der prominentesten und einflussreichsten Repräsentanten dieser Denkweise. Aus dem Empirismus entwickelte sich das Nützlichkeitsdenken (Utilitarismus), demzufolge Handlungen nach deren Wirkung und Nutzen und nicht so sehr nach deren Motiven beurteilt werden. Diese Gedankenströmungen mündeten letztendlich in den Liberalismus, der das Wohl des Staates und das Glück des Einzelnen in größtmöglicher Freiheit sieht. Die Werthaltungen dieser philosophischen Strömungen haben sicher nicht zuletzt Englands Aufstieg zur führenden Handels- und Weltmacht des 18. und 19. Jahrhunderts ermöglicht.

Ein starker Einfluss auf die Entwicklung dieser Wertewelt ist der Glaubensgemeinschaft der Puritaner zuzuschreiben. Ihrer Vorstellung, dass sich Gottgefälligkeit in Erfolg und Prosperität zeigt, forderte eine utilitaristische Auswahl der Ziele, die man anstrebte. Es ist naheliegend, dass diese Philosophie mit den Puritanern in die Vereinigten Staaten von Amerika gelangte.

■ Themenbereich 5:
Ritualisierte Regelverletzung

■ Beispiel 19: Das Geburtstagsgeschenk

■ Situation

Frau Raab arbeitete nun schon seit ein paar Wochen in einem Büro in Manchester. Eines Tages ging sie mit Kollegen zum Mittagessen in ein benachbartes Pub. Dort traute sie ihren Augen nicht: Eine Frau mit nacktem Oberkörper tanzt auf einem Tisch und ist umringt von einer fröhlichen Schar englischer Männer in dunklen Anzügen. Frau Raabs Kollegen sind begeistert und gesellen sich dazu. Auf Frau Raabs entsetzte Frage, ob sie denn hier etwa bleiben wollen, erklärt ihr ein Kollege: »Ja, warum denn nicht? Ist doch ganz nett – anscheinend hat jemand Geburtstag, und die Tänzerin ist das Geschenk der Kollegen.« Frau Raab konnte nicht begreifen wie das zusammenpasste – seriöse Geschäftsleute und eine Stripteasetänzerin in deren Pub?
Wie war das zu verstehen?

– Lesen Sie nun die Antwortalternativen nacheinander durch.
– Bestimmen Sie den Erklärungswert jeder Antwortalternative für die gegebene Situation und kreuzen Sie ihn auf der darunter befindlichen Skala entsprechend an. Es ist möglich, dass mehrere Antwortalternativen den gleichen Erklärungswert besitzen.

■ Deutungen

a) Die schwarzen Anzüge stehen in England nicht im gleichen Maße für Seriosität wie in Deutschland.

| sehr zutreffend | eher zutreffend | eher nicht zutreffend | nicht zutreffend |

b) Es handelt sich um ein Pub für Geschäftsleute und deswegen sind hier hauptsächlich Männer unter sich. Das wird gern genutzt, um mal aus dem Rahmen zu fallen.

| sehr zutreffend | eher zutreffend | eher nicht zutreffend | nicht zutreffend |

c) In bestimmten Situation lassen Briten nur zu gern alle Konventionen fallen.

| sehr zutreffend | eher zutreffend | eher nicht zutreffend | nicht zutreffend |

d) In England herrscht eine Macho-Kultur vor, die in solchen »Geschenken« ihren Ausdruck findet.

| sehr zutreffend | eher zutreffend | eher nicht zutreffend | nicht zutreffend |

– Versuchen Sie, Ihre Einstufung jeder Antwortalternative zu begründen. Halten Sie die Begründung in schriftlicher Form stichpunktartig fest.
– Lesen Sie nun die Erläuterungen zu jeder Antwortalternative durch und vergleichen diese mit Ihren eigenen Begründungen.

■ **Bedeutungen**

Erläuterung zu a):
In England ist es in wesentlich mehr Berufen üblich, Anzug und Krawatte oder ein Kostüm zu tragen. Diese Kleidervorschriften beschränken sich auch nicht auf gehobene Positionen. Selbst für Posten ohne Kundenkontakt wird häufig eine konservative Bekleidung erwartet. Insofern ist es richtig, wenn man sich als Deutscher in England bewusst macht, dass ein dunkler Anzug nicht mit der besonderen Bedeutung oder Seriosität einer Person zu-

sammenhängt. In der vorliegenden Situation weiß Frau Raab dies offensichtlich nicht, was ihre Überraschung verstärkt. Allerdings erklärt das noch nicht die allgemeine Akzeptanz der Striptease-tänzerin in der Kneipe – dafür gibt es eine treffendere Antwort.

Erläuterung zu b):

Man ist als Deutscher geneigt zu vermuten, dass es sich hierbei um ein reines »Männervergnügen« handelt, das bei stärkerer weiblicher Präsenz in der Kneipe den Männern unangenehm wäre. Für England trifft dies allerdings nicht zu, denn viele britische Frauen finden an solchen Ereignissen oder an entsprechenden Versionen für ein weibliches Publikum durchaus ebenfalls Gefallen. Verdeutlicht werden kann der Unterschied zu Deutschland anhand des englischen Films »Ganz oder gar nicht« (Original: »The full monty«), der auch in Deutschland ein großer Erfolg war. In diesem Film versuchen arbeitslose englische Männer dadurch zu Geld zu kommen, dass sie in einem Pub strippen, und alle Bewohner der Stadt kommen, um den Auftritt zu sehen. In Deutschland wäre diese Geschichte unglaubwürdig, während auf der Insel zumindest das Interesse an solchen Ereignissen der Realität entspricht.

Die Stripperin in dem Pub kann also nicht durch die Abwesenheit von Frauen erklärt werden.

Erläuterung zu c):

In der Tat gibt es eine Reihe von Situationen in England, in denen Deutsche Schwierigkeiten haben, das Verhalten der Briten mit deren sonst so distinguiertem und zurückhaltendem Benehmen in Einklang zu bringen. Insbesondere bei der jüngeren Generation wird scheinbar ganz bewusst zugunsten einer lebensbejahenderen Einstellung mit den Überresten der alten puritanischen und viktorianischen Normen gebrochen. Schwierig ist es als Außenstehender zu erkennen, wann solch eine Regelverletzung tatsächlich toleriert wird, wann ein Werte- und Normenwandel etabliert ist. Hier bleibt dem deutschen Gast nichts anderes übrig als auf seine/ihre englischen Bekannten zu achten, sich an deren Verhalten anzupassen und sich möglichst von dem negativen Beigeschmack zu lösen, der solchen »events« in Deutschland anhaftet.

Erläuterung zu d):
Die Geschlechterrollen sind in England deutlicher ausdifferenziert als dies in Deutschland der Fall ist. Dies bedeutet, dass die Vorstellungen von typisch männlichem und typisch weiblichem Verhalten klarer und in gewissem Sinne emanzipierter sind, als es Deutsche kennen. So gehört es zur Männerrolle, sich an einer nackten Frau in einem Pub zu erfreuen, genauso wie sich Frauen für einen spärlich bekleideten Mann auf der Theke interessieren würden. Das Verhalten mit einer Macho-Kultur zu erklären würde nur die männliche Seite beleuchten und außerdem zu weit gehen, was die Ausprägung dieses Verhaltens betrifft.

■ Beispiel 20: Die Bürodekoration

■ Situation

Herr Voll arbeitete in einer englischen Firma. An einem Morgen im Dezember kam er ins Büro, und alle Mitarbeiter, mit denen er sich das Großraumbüro teilte, machten sich gerade ans Werk: Der ganze Raum wurde mit Weihnachtsdekoration ausgeschmückt, mit Girlanden, allerlei bunten Sternen und Weihnachtsmännern. Man hatte den ganzen Vormittag lang nur mit der Bürodekoration zu tun. Herr Voll half auch mit, schielte aber immer zur Tür, um zu sehen, ob der Abteilungsleiter kam. Aber selbst als dieser den Raum betrat, konnte Herr Voll keinerlei Anzeichen in den Reaktionen des Leiters oder der Mitarbeiter finden, die diese Art der Arbeit als unangemessen beurteilt hätten.

Wie war das möglich?

– Lesen Sie nun die Antwortalternativen nacheinander durch.
– Bestimmen Sie den Erklärungswert jeder Antwortalternative für die gegebene Situation und kreuzen Sie ihn auf der darunter befindlichen Skala entsprechend an. Es ist möglich, dass mehrere Antwortalternativen den gleichen Erklärungswert besitzen.

94

◼ Deutungen

a) Dem Chef ist es nur recht, wenn eine angenehme Arbeitsatmosphäre geschaffen wird, denn das wirkt sich auch förderlich auf die Arbeitsmoral aus.

| sehr zutreffend | eher zutreffend | eher nicht zutreffend | nicht zutreffend |

b) Weihnachten hat in England eine viel stärkere religiöse und emotionale Bedeutung als in Deutschland.

| sehr zutreffend | eher zutreffend | eher nicht zutreffend | nicht zutreffend |

c) Weihnachten wird in England besonders auch mit den Kollegen gefeiert – die Trennung zwischen Arbeit und Freizeit ist dort nicht so stark.

| sehr zutreffend | eher zutreffend | eher nicht zutreffend | nicht zutreffend |

d) Dies ist eine Maßnahme, die den Teamgeist und das Zugehörigkeitsgefühl im Unternehmen stärken soll.

| sehr zutreffend | eher zutreffend | eher nicht zutreffend | nicht zutreffend |

– Versuchen Sie, Ihre Einstufung jeder Antwortalternative zu begründen. Halten Sie die Begründung in schriftlicher Form stichpunktartig fest.

– Lesen Sie nun die Erläuterungen zu jeder Antwortalternative durch und vergleichen diese mit Ihren eigenen Begründungen.

◼ Bedeutungen

Erläuterung zu a):

Ein deutscher Abteilungsleiter hat sicher auch nichts gegen eine angenehme Arbeitsatmosphäre, aber ob er deswegen seine Mitarbeiter einen halben Tag lang das Büro dekorieren ließe, ist doch sehr fragwürdig. Es muss einen anderen Grund für das Verhalten an diesem Dezembertag geben.

Erläuterung zu b):
Dem Weihnachtsfest kommt auch in Großbritannien eine wichtige Rolle zu. Die emotionale, religiöse und teilweise von Sentimentalität begleitete Bedeutung wie in Deutschland hat Weihnachten aber in England nicht. Dort wird das Fest völlig anders interpretiert, und Briten könnten mit der deutschen Ernsthaftigkeit und Begriffen wie Besinnlichkeit in diesem Zusammenhang wohl nur wenig anfangen. Diese Erklärung trifft den Sachverhalt nicht.

Erläuterung zu c):
In Großbritannien ist der Kontakt unter Kollegen in der Freizeit viel intensiver und es werden häufig auch gemeinsame Unternehmungen gestartet. Aber auch am Arbeitsplatz lässt man schon mal alle fünf gerade sein und zieht zum Beispiel schon am Freitag Nachmittag in das nächstgelegene Pub, ohne dass dies Konsequenzen seitens des Arbeitgebers hätte. Es ist also überhaupt nicht ungewöhnlich, dass bestimmte Anlässe auch an der Arbeitsstelle, so wie in der Episode geschildert, gewürdigt werden. So ist Weihnachten ein Fest, das in England gerade auch mit den Kollegen sehr ausgelassen gefeiert wird. *Office-Parties* sind zu dieser Gelegenheit gang und gäbe und dabei werden nicht Tee und Plätzchen gereicht, sondern die Verhältnisse erinnern eher an eine deutsche Faschingsfeier, auch mit entsprechendem Alkoholkonsum. Diese Feste werden von der Firmenleitung toleriert, wenn auch nicht immer gutgeheißen. Die sonst üblichen Verhaltensnormen sind bei dieser Gelegenheit teilweise außer Kraft gesetzt, und man benimmt sich äußerst ungezwungen im Umgang mit Kollegen und Vorgesetzten. Man darf als Deutscher allerdings nicht fälschlicherweise vermuten, dass nach einer Party die dort gepflegten Umgangsformen mit in den Alltag übernommen werden: Die Hierarchien sind am nächsten Tag wieder wirksam, auch wenn man sich abends davor bei di-

versen pints[1] ganz locker mit seinem Vorgesetzten unterhalten hat. Die Dekoration des Büros ist offenbar die Vorbereitung für solch ein Fest, und dem Abteilungsleiter käme es nicht in den Sinn, dies zu unterbinden, denn er wird sich an dem Fest genauso intensiv beteiligen wie seine Mitarbeiter.

Erläuterung zu d):

Diese Tradition rührt auf der Insel vielmehr von der stärkeren Bedeutung der Sozialkontakte bei der Arbeit her, als dass sie eine Maßnahme wäre, die von der Geschäftsleitung zur Förderung des Teamgeistes eingeführt werden würde. Zwar mag sie jetzt vielleicht in diesem Licht wohlwollend betrachtet werden, doch wurde sie nicht mit diesem Ziel ins Leben gerufen.

■ Beispiel 21: Mein lieber Speichellecker

■ Situation

Der deutsche Unternehmensberater Michael Zimmerhackl arbeitet schon seit mehreren Jahren immer wieder mit dem Briten Dave Cameron zusammen, der für ein deutsches Unternehmen arbeitet. Daher kennt er Dave recht gut, der Umgangston ist entspannt und nicht so formell, wie er das sonst so von der Kunden-Dienstleister-Beziehung in Deutschland kennt. Gemeinsam bereiten sie eine Präsentation für einen Kreis von Führungskräften in Daves Unternehmen vor. Dave erklärt seine Idee, wie er in die Präsentation einsteigen möchte, und Michael bringt zum Ausdruck, dass er den Einstieg gut und logisch findet. Er lacht und fügt an, dass der Einstieg fast brillant sei. Daraufhin entgegnet ihm Dave: »Of course it is brilliant, because you are an ass-liking supplier and will always agree to what I say!« Daraufhin lacht Dave herzlich und klopft Michael auf die Schultern. Dem bleibt das Lachen im Hals stecken, das war ihm dann doch ein bisschen zu heftig – so hatte ihn noch niemand bezeichnet. Wie war das Verhalten von Dave zu erklären?

---

1 Englische Maßeinheit mit etwas mehr als einem halben Liter. Bier wird in England in pints und half pints ausgeschenkt.

- Lesen Sie nun die Antwortalternativen nacheinander durch.
- Bestimmen Sie den Erklärungswert jeder Antwortalternative für die gegebene Situation und kreuzen Sie ihn auf der darunter befindlichen Skala entsprechend an. Es ist möglich, dass mehrere Antwortalternativen den gleichen Erklärungswert besitzen.

■ Deutungen

a) Dave empfindet Michael als »Ja-Sager« und ein Berater, der ihm immer nur zustimmt, nützt letztlich wenig. Dies war eine günstige Gelegenheit, das Problem in einem sarkastischen Seitenhieb aufzugreifen.

| sehr zutreffend | eher zutreffend | eher nicht zutreffend | nicht zutreffend |

b) Dave steht sehr unter Druck, da kann es bei Briten tatsächlich mal passieren, dass sie ihre sonstige Höflichkeit vergessen.

| sehr zutreffend | eher zutreffend | eher nicht zutreffend | nicht zutreffend |

c) Das Arbeitsklima ist so entspannt – selbst der Deutsche versuchte gerade witzig zu sein –, da kann man auch mal einen deftigen Spruch rauslassen. Noch dazu, wenn man unter sich ist und sich kennt.

| sehr zutreffend | eher zutreffend | eher nicht zutreffend | nicht zutreffend |

d) In Großbritannien ist der Umgangston mit Dienstleistern etwas rauer, das hat der Deutsche missverstanden. Das rührt aus der Zeit der Hausbediensteten.

| sehr zutreffend | eher zutreffend | eher nicht zutreffend | nicht zutreffend |

- Versuchen Sie, Ihre Einstufung jeder Antwortalternative zu begründen. Halten Sie die Begründung in schriftlicher Form stichpunktartig fest.

– Lesen Sie nun die Erläuterungen zu jeder Antwortalternative durch und vergleichen diese mit Ihren eigenen Begründungen.

■ Bedeutungen

Erläuterung zu a):
Sarkasmus und Ironie als Form der Kritik sind in Großbritannien tatsächlich sehr verbreitet. Sollte diese Äußerung tatsächlich einen ernsten Kern haben, der sich konkret auf Michael bezieht, wäre diese auch für britische Verhältnisse ziemlich deftig und heftig als erstes Feedback. Dies ist nur vorstellbar, wenn im Vorfeld viele subtile Andeutungen und Äußerungen vom Deutschen nicht wahrgenommen wurden und nun deshalb ein stärkeres Geschütz aufgefahren wurde. Die entspannte Atmosphäre in der gesamten Vorbereitung spricht eher nicht dafür, aber wer weiß – vielleicht ist dem Deutschen im Vorfeld so manches entgangen. Mit so einer Äußerung des Briten sollte er auf jeden Fall sein eigenes Verhalten und das bisherige Feedback dazu nochmal reflektieren, um auszuschließen, dass diese Äußerung einen wahren Kern hat.

Erläuterung zu b):
Natürlich kann es sein, dass in Großbritannien Personen unter Stress ihre Beherrschung verlieren. Allerdings geschieht dies seltener als in Deutschland, da die gesellschaftliche Akzeptanz dafür gerade im öffentlichen Leben sehr gering ist (Kulturstandard Selbstdisziplin). Es spricht einiges dafür, dass diese Äußerung bewusst und nicht impulsiv gesetzt wurde. Daher erklären andere Antworten die Situation besser.

Erläuterung zu c):
Aus englischer Sicht scheint in dieser Situation alles zu passen: Man kennt sich und versteht sich, der Deutsche versucht sogar ironisch zu sein und man arbeitet gut zusammen. Da kann man tatsächlich einen deftigen Spruch loslassen, den man bei Fremden nicht verwenden würde – die würden vielleicht nicht verstehen, dass es nur Spaß ist und auf ein allgemein bekanntes Dilem-

ma anspielt: Es ist nicht immer leicht, dem Kunden zu widersprechen. Der Deutsche spielt ja mit seinem überspitzten Lob auf das gleiche Problem an. Manche Briten lieben es, auf diese Art und Weise Konventionen zu brechen und sich selbst als unangepasst darzustellen. Auf Deutsche wirkt dies im Geschäftsleben zu derb und völlig unpassend – noch dazu, wenn das ungute Gefühl bleibt, dass da ein wahrer Kern mitschwingen könnte.

Erläuterung zu d):
Dies kann man auf keinen Fall so sagen – im Gegenteil, der Umgangston ist in Großbritannien im Allgemeinen freundlicher als in Deutschland, auch mit Dienstleistern (siehe Kulturstandard *Zwischenmenschliche Distanzreduzierung* und Kulturstandard *Indirektheit*). Übrigens kamen die wenigsten Briten jemals in den Genuss von Bediensteten. Die Personen aus der Oberschicht, die sich dieses Privileg leisten konnten, orientierten sich jedoch meist an den Gentleman-Idealen: Für sie wäre eine solche Ausdrucksweise eher plump und vielleicht sogar Ausdruck der Zugehörigkeit zur lower class. Diese Erklärung trifft also nicht zu.

■ Beispiel 22: Das Wetttrinken

■ Situation

Alljährlich wird von den Mitarbeitern der Firma, für die Frau Müller in England arbeitet, ein Wettbewerb organisiert, bei dem es darum geht, dass fünf Abteilungen in Teams gegeneinander bei Wettspielen antreten. Diesen Spielen ist gemeinsam, dass sie darauf abzielen, so viel wie möglich zu trinken. Dafür wurde auch in diesem Jahr ein ganzer Saal gemietet, in dem sich mehr als hundert Zuschauer köstlich über die gegen Ende des Abends halb besinnungslosen »Wettstreiter« amüsierten. Frau Müller konnte dem ganzen Schauspiel wenig abgewinnen und wunderte sich über ihre englischen Kollegen. Noch mehr verblüffte sie, dass am nächsten Tag keinem der Kandidaten sein Auftritt irgendwie peinlich zu sein schien.
Was für eine Einstellung steht hinter diesem Verhalten?

- Lesen Sie nun die Antwortalternativen nacheinander durch.
- Bestimmen Sie den Erklärungswert jeder Antwortalternative für die gegebene Situation und kreuzen Sie ihn auf der darunter befindlichen Skala entsprechend an. Es ist möglich, dass mehrere Antwortalternativen den gleichen Erklärungswert besitzen.

■ Deutungen

a) Wenn man für eine ordentliche Belustigung gesorgt hat, braucht man sich in England dafür nicht zu schämen.

b) Mit solchen männlichen Kraftspielen sollen in England Frauen beeindruckt werden.

c) Eigentlich ist es den Kandidaten später sehr peinlich, sie können nur ihre Gefühle gut verbergen.

d) »Spiele ohne Grenzen« wurden in England erfunden und werden dort sehr oft wörtlich genommen.

- Versuchen Sie, Ihre Einstufung jeder Antwortalternative zu begründen. Halten Sie die Begründung in schriftlicher Form stichpunktartig fest.
- Lesen Sie nun die Erläuterungen zu jeder Antwortalternative durch und vergleichen diese mit Ihren eigenen Begründungen.

■ Bedeutungen

Erläuterung zu a):
In diesem speziellen Fall scheint es keinen Grund zu geben, warum sich die Teilnehmer schämen sollten. Allerdings kann dies nicht damit erklärt werden, dass in England jemand, der für Belustigung gesorgt hat, prinzipiell Narrenfreiheit genießt. Engländer wissen einen »good laugh« durchaus zu schätzen, aber nicht in dieser generalisierten Form. Diese Erklärung ist zu allgemein, um tatsächlich einem besseren Verständnis der Situation dienlich zu sein.

Erläuterung zu b):
Die Art und Weise wie Männer sich Frauen gegenüber besonders vorteilhaft präsentieren, sind in England wie in Deutschland individuell so verschieden, dass sie mit dieser pauschalen Erklärung nicht erfasst werden können.

Erläuterung zu c):
Briten bemühen sich wesentlich mehr als Deutsche, gerade sehr intensive Gefühle wie Ärger, Scham, aber auch Freude nicht offen zu zeigen, da dies als peinlich und unbeherrscht empfunden wird. So ist es insbesondere für eine Ausländerin, die die Kommunikationssignale einer anderen Kultur schwer beurteilen kann, nicht leicht festzustellen, ob die Teilnehmer des Wettkampfes nur geschickt ihre Scham am nächsten Tag überspielen. Die große Akzeptanz und Begeisterung, die am Vorabend herrschte, lässt es jedoch unwahrscheinlich erscheinen, dass die Beteiligten dies nötig hätten. Außerdem hätten sie wohl kaum an dem Wetttrinken teilgenommen, wenn man sich deswegen schämen müsste.

Erläuterung zu d):
Eine Leidenschaft, die von der ganzen Nation geteilt wird, ist die für Spiele, und zwar am besten Spiele, bei denen sich die Möglichkeit zum Wetten bietet. Seien es Hunde- und Pferderennen, Fußball- und Rugbyspiele oder die *national-lottery* – die Begeisterung geht durch alle Bevölkerungsschichten, wenn auch die Präferenzen für bestimmte Wetten schichtspezifisch sind. Sieht

man diesen Umstand in Verbindung mit der Tatsache, dass sich auf der Insel kaum jemand an ein paar zuviel getrunkenen *pints* stören würden, dann erklärt das, warum die Teilnehmer sich am nächsten Tag nicht zu schämen brauchen. Wetten und die damit verbundenen Spiele wurden zu Zeiten der Puritaner und des Viktorianismus ebenso extrem geächtet wie alles, was auch nur im entferntesten mit Sexualität zu tun haben könnte (so war es ungehörig zu sagen, man habe Bauchschmerzen). Aber ebenso wie damals bei der Sexualität scheint eine repressive Handhabung in der Folge eine Verschärfung des Gegenteils zu fördern.

■ Beispiel 23: The full monty

■ Situation

Die deutsche Heike Gerst arbeitet in der englischen Niederlassung eines deutschen Unternehmens. Zu Weihnachten ist es dort üblich, Geld für wohltätige Zwecke (charity) zu sammeln – meist im Rahmen der Weihnachtsfeier. Dieses Jahr beginnen die Vorbereitungen schon im Herbst und die englischen Kolleginnen und Kollegen scheinen von der Idee in diesem Jahr besonders begeistert zu sein: Es soll ein Kalender mit Aktfotos von Mitarbeiterinnen und Mitarbeitern erstellt und auf der Weihnachtsfeier verkauft werden. Als Heike gefragt wird, ob sie auch mitmacht, weist sie das entschieden von sich. Sie kann nicht verstehen, warum sich die Engländer nahezu darum reißen dabei zu sein und denen das nicht peinlich ist. Als sie an Weihnachten den Kalender sieht, fühlt sie sich bestätigt – die Fotos sind sehr professionell gemacht und daher manchmal ästhetisch –, oft aber auch einfach lächerlich. Sie will so auf keinen Fall von den Kollegen gesehen werden. Warum macht das den Engländern nichts aus?

– Lesen Sie nun die Antwortalternativen nacheinander durch.
– Bestimmen Sie den Erklärungswert jeder Antwortalternative für die gegebene Situation und kreuzen Sie ihn auf der darunter befindlichen Skala entsprechend an. Es ist möglich, dass mehrere Antwortalternativen den gleichen Erklärungswert besitzen.

■ Deutungen

a) Den meisten Briten ist das auch peinlich, allerdings überspielen sie das besser als die Deutschen und zeigen ihre Ablehnung der Idee nicht so deutlich.

sehr zutreffend	eher zutreffend	eher nicht zutreffend	nicht zutreffend

b) Bei all der Zurückhaltung und Selbstdisziplin brauchen die Briten ein Ventil und das ist ihre ausgeprägte Liebe zum zelebrierten »aus dem Rahmen« fallen.

sehr zutreffend	eher zutreffend	eher nicht zutreffend	nicht zutreffend

c) In Großbritannien ist es viel wichtiger dazuzugehören, die Identifikation mit Unternehmen, Universität, Schule etc. ist größer. Daher herrscht bei solchen Aktionen ein großer Gruppendruck, dabei zu sein.

sehr zutreffend	eher zutreffend	eher nicht zutreffend	nicht zutreffend

d) Für einen guten Zweck machen Briten alles mit und gerade an Weihnachten ist ihnen das besonders wichtig.

sehr zutreffend	eher zutreffend	eher nicht zutreffend	nicht zutreffend

- Versuchen Sie, Ihre Einstufung jeder Antwortalternative zu begründen. Halten Sie die Begründung in schriftlicher Form stichpunktartig fest.
- Lesen Sie nun die Erläuterungen zu jeder Antwortalternative durch und vergleichen diese mit Ihren eigenen Begründungen.

■ Bedeutungen

Erläuterung zu a):
Es gibt genügend Briten, die bei einem solchen Projekt nicht mitmachen werden, weil es ihnen unangenehm ist, sich nackt ablich-

ten zu lassen. Allerdings werden sie das Projekt nicht grundsätzlich ablehnen oder gar die teilnehmenden Kollegen peinlich finden. Die Ablehnung wird mit hoher Wahrscheinlichkeit sehr vorsichtig und nur auf die eigene Person bezogen formuliert sein, zum Beispiel »that is not really for me, but I admire you who . . . brilliant, crazy idea . . .« Denn wie schon in den Kulturstandards Selbstdisziplin und Indirektheit beschrieben, geht es darum, den anderen die Freiheit zu lassen, an dieser Verrücktheit teilzunehmen. Dies erklärt jedoch noch nicht, warum so viele der Kollegen gleich regelrecht begeistert sind. Das finden Sie in einer anderen Antwort noch genauer erläutert.

Erläuterung zu b):
Konventions- und Regelbruch und dabei Lebenslust zu zelebrieren, stellt eine englische kulturelle Besonderheit dar. Eine Fülle von englischen literarischen Figuren lebte dies vor (z. B. Falstaff von Shakespeare) und liefert die kulturellen Wurzeln. Der Konventionsbruch kennzeichnet oft den Kern des englischen schwarzen Humors: Themen, die sonst unter den Schutz der Privatsphäre und des Respekts fallen wie Religion, Sexualität, Nacktheit, Krankheit oder Tod, werden plötzlich zum Ziel von Spott. Besonders bewundert wird in Großbritannien, wenn man sich dabei selbst auf die Schippe nimmt, sich selbst nicht ernst nimmt – das erscheint als besonders sympathischer Charakterzug. So lässt sich auch das Verhalten in der Situation verstehen: Es ist eine wunderbar verrückte Idee, bei der jede(r) mitmachen kann, der sich traut. Die, die teilnehmen, erfahren Bewunderung, besonders diejenigen, bei denen es selbstironisch wirkt, sich als Nacktmodell abzulichten, da sie nicht die geeignete Figur dafür haben. Verachtung für die Aktmodelle oder sie als peinlich zu empfinden, wie dies Frau Gerst tut, sehen Engländer wiederum als peinlich und arrogant an.

Erläuterung zu c):
Viele Studien belegen, dass Großbritannien ein sehr individualistisches Land ist – auch individualistischer als Deutschland. Dies zeigt sich in einer höheren sozialen Mobilität, einer größeren Bereitschaft (Notwendigkeit), den Job, die Wohnung etc. zu wech-

seln. In diesem System von großer Unabhängigkeit versuchen verschiedene Institutionen einen Kristallisationspunkt der Zugehörigkeit zu bieten, wie zum Beispiel Schulen oder Universitäten – was oft dankbar angenommen wird. Deutsche überrascht dies, da sie oft andere persönlichere Anknüpfungspunkte aufweisen, zum Beispiel regionale Verwurzelung, kleiner, aber langjähriger Freundeskreis, lange Firmenzugehörigkeit usw.

Der Gruppendruck, bei bestimmten gemeinsamen Aktivitäten mitzumachen, ist aufgrund des ausgeprägten Individualismus, der Wertschätzung individueller Freiheit und dem indirekten Kommunikationsstil in Großbritannien tendenziell geringer als in Deutschland. Wenn ich aber meiner Rolle als cooler, lässiger Typ, dem nichts zu verrückt ist gerecht werden will, dann stehe ich auch in Großbritannien in einer solchen Situation unter Druck und Beobachtung der Kollegen, ob ich mitmache.

Erläuterung zu d):
Charity ist in Großbritannien deutlich ausgeprägter als in Deutschland, auch als fester Bestandteil von Firmenfesten. Dies liegt darin begründet, dass in Großbritannien der Staat schon immer eine geringere Rolle im Bereich der sozialen Fürsorge gespielt hat – seit den Reformen durch Premierministerin Thatcher in den 1980er Jahren ist diese auf ein Minimum heruntergefahren. Viele soziale Projekte sind daher sehr stark auf die Unterstützung durch Spenden angewiesen und die Weihnachtszeit passt natürlich thematisch, um auf diese Bedürftigkeit aufmerksam zu machen (das ist ähnlich wie in Deutschland). Allerdings erwartet niemand, dass die Spendengelder durch besonders verrückte Aktionen eingeworben werden. Doch es macht den Akteuren oft mehr Spaß und erzeugt mehr Aufmerksamkeit.

■ Kulturelle Verankerung von »Ritualisierte Regelverletzung«

Der englische Kulturstandard, der den fünf vorangegangenen Geschichten zugrunde liegt, heißt *Ritualisierte Regelverletzung.*

Für deutsche Besucher auf der Insel ist es oft mit sehr großer Überraschung verbunden festzustellen, dass ihre Gastgeber in ganz bestimmten Situationen Höflichkeit, Anstand und Zurückhaltung über Bord werfen. Geradezu genüsslich wird dann mit diesen Regeln gebrochen, ohne deren sonstige Gültigkeit in Frage zu stellen. Dies kann sich im wilden Feiern und Festen ebenso äußern wie in plötzlich sehr offenem und freizügigem Umgang mit intimen Themen. Der krasse Gegensatz zur sonst üblichen Selbstkontrolle bewirkt, dass diese Abweichungen völlig unerklärlich erscheinen.

Ausgesprochen unwohl fühlen sich Deutsche oft in Situationen, wenn vor allem jüngere Briten ein recht unbefangenes Verhältnis zu Sexualität, ja sogar besonderes Interesse an diesem Thema an den Tag legen. Teilweise wird dann unter Bekannten in einer Offenheit über intime Gepflogenheit geplaudert, wie es in Deutschland höchstens unter engen Freunden üblich ist. Darüber hinaus stufen Engländer Veranstaltungen wie »tabledances« oder Strip-Einlagen in der Disco bei weitem nicht als primitiv oder gar schmuddelig ein – ganz im Gegensatz zu Deutschen, die, wenn sie in eine solche Veranstaltung geraten, oft glauben sich in der Tür geirrt zu haben.

Freitag abends sind häufig Manifestationen ritualisierter Regelverletzung zu erleben, ist der Feierabend am Ende der Arbeitswoche nach den *office-hours* doch oft von ausgiebigem Alkoholkonsum geprägt. Allerdings beschränken sich solche Ausbrüche auf die Freizeit, was nicht heißen muss, dass Arbeitskollegen nicht mit von der Part(ie)y sind. Im Gegenteil: Da Sozialkontakten bei der Arbeit eine große Bedeutung zukommt, geht man häufig abends noch mit den Kollegen ins Pub. Situationen, in denen sich der Kulturstandard manifestiert, können an das ausgelassene, teils ungehemmte Feiern beim deutschen Fasching erinnern.

Eine weithin bekannte Präsentationsform dieses Standards ist der »schwarze Humor«, der sich gerade durch das Brechen von Tabus auszeichnet. In Deutschland wurde dieser respektlose Umgang mit Normen und Regeln, der vor nichts Halt macht, vor allem durch Monty Python bekannt. Im Gespräch können von Briten Sarkasmus und Ironie überraschend bissig, fast aggressiv eingesetzt werden, um Ablehnung auszudrücken, die so kaum direkt ausgesprochen werden würde.

Die Ursprünge des Kulturstandards *Ritualisierte Regelverletzung* sind weitgehend der frühen politischen Freiheit der Briten (siehe Kulturstandard *Indirektheit*) zuzuschreiben. Mäßiger Respekt des »frei(geboren)en Engländers« vor Normen und Regeln, gepaart mit außerordentlicher Lebensfreude, spiegeln sich in den Komödien Shakespeares (z. B. Falstaff in »The merry wives of Windsor«) ebenso wider wie in Chaucers (gest. 1400) »Canterbury tales«, die noch wesentlich weiter zurückreichen. Der Begriff des »merry England«, des fröhlichen Englands, wurde ebenfalls in dieser Zeit geprägt.

Die sehr restriktiven Gesellschaftsnormen zu Zeiten der Puritaner und des Viktorianismus wirkten und wirken sehr lange ins zwanzigste Jahrhundert nach und haben entscheidend zum heutigen Erscheinungsbild des Kulturstandards *Ritualisierte Regelverletzung* beigetragen. So vertraten die Puritaner eine sehr strenge Bibelinterpretation als deren Konsequenz Alkoholkonsum, Glücksspiele oder Sexualität entschieden abgelehnt und teilweise völlig tabuisiert wurden. Die damalige Ablehnung vieler Genüsse scheint jedoch extreme Regelbrüche in eng umschriebenen Situationen geradezu provoziert zu haben. Diesen Regelverletzungen kommt eine Ventilfunktion zu. Symbolisch wird dieses Janusgesicht der englischen Gesellschaft in Dr. Jekyll und Mr. Hyde in dem gleichnamigen Roman von R. Stevenson dargestellt.

Ein verstärkter Druck in Richtung restriktive Normen konnte in den 1980er Jahren während der konservativen Regierung unter Margaret Thatcher beobachtet werden. Nichtsdestotrotz scheint der Kulturstandard *Ritualisierte Regelverletzung* gerade für jüngere Briten zu gelten.

◼ Themenbereich 6: Interpersonale Distanzreduzierung

◼ Beispiel 24: The policeman

◼ Situation

Frau Schmid war nach langer Fahrt mit dem Zug endlich in London Victoria Station angekommen. Ganz in der Nähe sollte auch ihre Unterkunft liegen. Um sich umständliches Suchen zu ersparen, wandte sie sich an einen Polizisten: »Können Sie mir bitte sagen, wo ich die Belgrave-Road finde?« Dieser schaute sie an und sagte: »Well, darling, you have to . . .« und erklärte ihr den Weg.
Frau Schmid war völlig platt: Was nimmt der sich heraus, sie als »darling« zu bezeichnen!?

– Lesen Sie nun die Antwortalternativen nacheinander durch.
– Bestimmen Sie den Erklärungswert jeder Antwortalternative für die gegebene Situation und kreuzen Sie ihn auf der darunter befindlichen Skala entsprechend an. Es ist möglich, dass mehrere Antwortalternativen den gleichen Erklärungswert besitzen.

◼ Deutungen

a) In England ist das einfach eine freundliche Geste und nicht wörtlich zu verstehen.

sehr   eher   eher nicht   nicht
zutreffend   zutreffend   zutreffend   zutreffend

b) Die britische Gesellschaft ist stärker von Männern dominiert als die deutsche, was sich in solchem Verhalten widerspiegelt.

sehr zutreffend   eher zutreffend   eher nicht zutreffend   nicht zutreffend

c) Das ist englischer Humor, immer den Sinn für das Absurde: ein Polizist, der eine Passantin mit »Liebling« anspricht.

sehr zutreffend   eher zutreffend   eher nicht zutreffend   nicht zutreffend

d) Der Polizist war einfach genervt, weil er ständig von Touristen um Hilfe gebeten wird, selbst bei den einfachsten Problemen.

sehr zutreffend   eher zutreffend   eher nicht zutreffend   nicht zutreffend

– Versuchen Sie, Ihre Einstufung jeder Antwortalternative zu begründen. Halten Sie die Begründung in schriftlicher Form stichpunktartig fest.
– Lesen Sie nun die Erläuterungen zu jeder Antwortalternative durch und vergleichen diese mit Ihren eigenen Begründungen.

◼ Bedeutungen

Erläuterung zu a):
Es gibt im englischen Sprachgebrauch eine ganze Reihe von Formulierungen, die verwendet werden, um Fremden gegenüber Freundlichkeit zu signalisieren. Dabei verlieren diese Phrasen ihre wörtliche Bedeutung und dienen dazu, ein angenehmes Kommunikationsklima zu schaffen, indem sie die Distanz zwischen Unbekannten reduzieren helfen. Besonderes verbreitet sind diese Redewendungen bei Angehörigen der *lower class*, wo auch Ausdrücke wie »guvn'r« (governor), »dear(y)«, »squire«, »duck(y)«, »hen« Verwendung finden. Wenn man also von einer Kassiererin mit »love« (»luv« in London) oder einem Polizisten mit »darling« angesprochen wird, ist das kein Grund zur Beunruhigung, sondern ein Freundlichkeit, über die man sich getrost freuen darf.

Erläuterung zu b):
Ebenso wie in Deutschland werden in England bestimmte Berei-

che des gesellschaftlichen Lebens von Männern dominiert, zu denen Frauen erst zögerlich Zugang gewinnen. Das Verhalten des Polizisten hat jedoch überhaupt nichts mit Diskriminierung zu tun, denn Frau Schmid könnte sich schadlos mit einer ähnlichen Wortwahl von ihm verabschieden.

Erläuterung zu c):
Einem Nicht-Muttersprachler kann es auf der Insel schon widerfahren, dass er häufiger einen Witz nicht versteht, insbesondere, wenn es sich um ein Wortspiel (*pun*) handelt. In dieser Situation spielt jedoch Humor keine Rolle, das Wort *darling* erfüllt einen anderen Zweck.

Erläuterung zu d):
Da in England selten Ärger offen gezeigt wird, ist es durchaus vorstellbar, dass der Polizist durch eine ironische Bemerkung Dampf ablässt. Die Anrede »darling« besitzt jedoch überhaupt keinen ironischen Beigeschmack, sondern wird als ausgesprochen freundlich aufgefasst. Diese Erklärung trifft nicht zu.

■ Beispiel 25: Auf dem Land

■ Situation

Herr Eckhart machte mit seiner deutschen Frau am Wochenende mit dem Motorrad einen Ausflug nach Cornwall aufs Land. Am Sonntagabend entschließen sich beide, eine Messe in einer Dorfkirche zu besuchen. Zunächst sind sie etwas unsicher, da sie nicht wissen, wie die anderen Kirchenbesucher auf ihre Motorradkluft reagieren werden. Doch kaum ist die Messe vorbei, werden sie noch in der Kirche von mehreren Personen angesprochen, wer sie denn seien, und dass es schön wäre, neue Gesichter in der Kirche zu sehen. Selbst der Pfarrer ließ es sich nicht nehmen, sie noch zu verabschieden.

Woher rührt dieses unerwartete Verhalten?

– Lesen Sie nun die Antwortalternativen nacheinander durch.

- Bestimmen Sie den Erklärungswert jeder Antwortalternative für die gegebene Situation und kreuzen Sie ihn auf der darunter befindlichen Skala entsprechend an. Es ist möglich, dass mehrere Antwortalternativen den gleichen Erklärungswert besitzen.

■ Deutungen

a) Die Art sich zu kleiden hat in England keine besondere Bedeutung. Deswegen reagieren die Kirchgänger völlig unvoreingenommen.

| sehr zutreffend | eher zutreffend | eher nicht zutreffend | nicht zutreffend |

b) Briten verhalten sich für deutsche Verhältnisse oft ungewöhnlich aufgeschlossen und freundlich, gerade bei einem ersten Kontakt.

| sehr zutreffend | eher zutreffend | eher nicht zutreffend | nicht zutreffend |

c) In England zeigt man Ablehnung auf keinen Fall öffentlich, hier wird sie geschickt durch Plaudereien überspielt.

| sehr zutreffend | eher zutreffend | eher nicht zutreffend | nicht zutreffend |

d) Die Kirche ist in Großbritannien traditionell ein Ort besonderer Gastfreundschaft.

| sehr zutreffend | eher zutreffend | eher nicht zutreffend | nicht zutreffend |

- Versuchen Sie, Ihre Einstufung jeder Antwortalternative zu begründen. Halten Sie die Begründung in schriftlicher Form stichpunktartig fest.
- Lesen Sie nun die Erläuterungen zu jeder Antwortalternative durch und vergleichen diese mit Ihren eigenen Begründungen.

■ Bedeutungen

Erläuterung zu a):

Unabhängig von der Kleidung wären Herr Eckhart und seine Frau in einer deutschen Dorfkirche höchstwahrscheinlich nicht angesprochen worden, in England hingegen schon. Die Erklärung des englischen Verhaltens hängt also nicht damit zusammen, dass Engländer in Bezug auf Kleidung höchst tolerant sind. Sie stoßen sich sehr wohl an der Verletzung von Kleidervorschriften, würden dem allerdings nur vorsichtig Ausdruck verleihen.

Erläuterung zu b):

In der Tat überbrücken Engländer die Kluft zu Fremden wesentlich schneller und ungezwungener als dies Deutsche tun. Die Gelegenheit zu einem kurzen, unverbindlichen Schwatz mit Fremden wird gerade auf dem Land gern wahrgenommen. Dabei ist kein besonderer Anlass nötig, um das Gespräch in Gang zu bringen. Die Engländer sind wahre Meister darin, eine freundliche und witzige Unterhaltung zu führen, ohne aufdringlich oder neugierig zu wirken. Rein inhaltlich haben diese Small Talks oft weder Ziel noch Zweck, man unterhält sich einfach aus Spaß an der Unterhaltung. Bedenken, aufdringlich zu sein, halten Deutsche hingegen oft davon ab, Fremde anzusprechen oder etwa ungefragt ihre Hilfe anzubieten. In England widerfährt es einem Besucher häufig, dass allein ein hilfesuchender Blick genügt, um das »May I help you« eines Passanten auszulösen.

Erläuterung zu c):

Es ist äußerst ungewöhnlich, dass Briten ihre Ablehnung offen und unverhohlen zeigen. Dies würden sie als unbeherrscht und primitiv ablehnen. Wenn, dann wird sie in spitzen Bemerkungen oder in Humor verpackt zum Ausdruck gebracht. So würden die englischen Kirchenbesucher einfach keinen Kontakt zu den beiden suchen, wenn sie sie von vornherein unsympathisch finden würden. Zwar ist deren Kleidung etwas unpassend, aber wenn man mit dem Motorrad unterwegs ist, trägt man eben Lederkleidung, »and after all they are foreigners«. Diese Antwort trifft den Sachverhalt also nicht.

Erläuterung zu d):

Sicherlich wurde die Kontaktaufnahme dadurch gefördert, dass die Situation in einer Kirche stattfand, denn auch die englische Kirche versucht händeringend, junge Mitglieder zu gewinnen. In Deutschland würde man auch auf dem Land aber nur selten so weit gehen, deswegen unbekannte Kirchenbesucher direkt anzusprechen.

■ Beispiel 26: Alte Freunde?

■ Situation

Frau Huber arbeitet in der Personalentwicklung eines deutschen Unternehmens. Auf sie kommt ein englischer Teamleiter zu, der mit seinem Team einen Workshop durchführen möchte. Ihm schwebe auch schon ein Moderator vor, den er von früheren Veranstaltungen kenne und mit dem er gute Erfahrungen gemacht habe. Frau Huber schlägt ein Dreier-Gespräch vor, um die gemeinsamen Zielvorstellungen zu besprechen und um sich selbst einen Eindruck von dem Moderator zu machen. Bei dem Treffen begrüßt der englische Teamleiter den deutschen Moderator mit den Worten »Martin, my old friend, how are you?« Der gesamte Umgangston der beiden wirkt sehr locker, oft wird gescherzt, ironische Seitenhiebe eingeschlossen. Frau Huber denkt sich: »Die beiden kennen sich offensichtlich deutlich besser!« Dennoch gewinnt Frau Huber einen positiven professionellen Eindruck und gibt grünes Licht für den Workshop mit diesem Moderator. Nachdem dieser gegangen ist, weist sie den Engländer daraufhin, dass es aus Compliance-Gründen problematisch sei, Freunden einen Job als Dienstleister zu verschaffen. Auch müsse er aufpassen, dass diese Freundschaft im Teamworkshop nicht die Neutralität des Moderators beeinflusse. Der Engländer scheint überrascht und versteht nicht so recht, was Frau Huber meint. Wie lässt sich das Verhalten des Engländers erklären?

– Lesen Sie nun die Antwortalternativen nacheinander durch.
– Bestimmen Sie den Erklärungswert jeder Antwortalternative

116

für die gegebene Situation und kreuzen Sie ihn auf der darunter befindlichen Skala entsprechend an. Es ist möglich, dass mehrere Antwortalternativen den gleichen Erklärungswert besitzen.

▨ Deutungen

a) Die Personalerin hat die Situation durchschaut und spricht dies unverblümt an. Dies ist der Engländer nicht gewohnt und das irritiert ihn.

| sehr zutreffend | eher zutreffend | eher nicht zutreffend | nicht zutreffend |

b) In England ist es ganz üblich, mit Freunden Geschäfte zu machen, daher überrascht den Engländer der Hinweis der Deutschen.

| sehr zutreffend | eher zutreffend | eher nicht zutreffend | nicht zutreffend |

c) Der Engländer versteht den Sinn dieser Belehrung nicht – einerseits gibt sie grünes Licht andererseits sagt sie, das geht so nicht. Dieser Widerspruch irritiert ihn.

| sehr zutreffend | eher zutreffend | eher nicht zutreffend | nicht zutreffend |

d) Der Teamleiter kennt den Deutschen tatsächlich nur von einem Workshop. Er versteht nicht, warum die Deutsche glaubt, er würde einem Freund einen Job verschaffen.

| sehr zutreffend | eher zutreffend | eher nicht zutreffend | nicht zutreffend |

– Versuchen Sie, Ihre Einstufung jeder Antwortalternative zu begründen. Halten Sie die Begründung in schriftlicher Form stichpunktartig fest.
– Lesen Sie nun die Erläuterungen zu jeder Antwortalternative durch und vergleichen diese mit Ihren eigenen Begründungen.

■ Bedeutungen

Erläuterung zu a):
Aus englischer Sicht sprechen Deutsche Probleme oft direkter an, als dies in England üblich ist (siehe Kulturstand *Indirektheit*). Das fehlende Vortasten und wenig implizite Umschreiben mag in dieser Situation auch eine Rolle spielen und dem Engländer wenig Zeit geben, sich darauf einzustellen. Der Kern der Überraschung liegt aber stärker in dem, was sie sagt, und nicht in dem, wie sie es sagt. Eine andere Antwort erklärt diese Situation noch besser.

Erläuterung zu b):
In Bezug auf »Compliance« und die Trennung von Freundes- und Geschäftswelt unterscheiden sich Deutschland und Großbritannien in diesem Zusammenhang nicht. Diese Antwort trifft daher nicht zu.

Erläuterung zu c):
Der Umgang mit Regeln und Prinzipien, wie ihn die deutsche Personalerin praktiziert, entspricht ziemlich dem britischen Idealbild: Es gibt diese Leitlinien als Orientierung, aber letztlich lässt man sich vom gesunden Menschenverstand leiten, common sense eben. Das schätzen Briten sehr. Sie haben oft vielmehr Probleme, wenn Deutsche an Prinzipien festhalten, weil diese so vereinbart wurden und aus Gründen der Verlässlichkeit und Allgemeingültigkeit (»wenn das jeder machen würde!«) nicht verletzt werden dürfen. Es gibt einen anderen Aspekt, der den Briten mehr überrascht und irritiert.

Erläuterung zu d):
Der lockere Umgangston, das Scherzen und die Formulierung »my old friend« dienen dazu, einen angenehmen Kontakt zu dem Deutschen aufzubauen und eine vertrauensvolle Arbeitsatmosphäre herzustellen. Dies ist nur möglich, weil sich die beiden vorher gut verstanden haben, aber aus britischer Sicht bewegt sich dies alles in völlig professionellem Rahmen.
  Im Vergleich zu Deutschland gehört Großbritannien zu den

Ländern, in denen ein sogenannter »high context«-Kommunikationsstil gepflegt wird, das heißt, die Bedeutung der Kommunikation erschließt sich sehr stark aus dem Kontext. Für diese Situation bedeutet das: Für Briten ist klar, dass die Äußerung »my old friend« in diesem Zusammenhang (Kontext) keine Freundschaftserklärung bedeutet, sondern einen allgemeinen Ausdruck der Sympathie darstellt. Die kulturelle Übersetzung ins Deutsche wäre wahrscheinlich: »Schön, dass wir mal wieder zusammenarbeiten!«

Frau Huber, die low context-Kommunikation gewohnt ist, interpretiert die Aussage wörtlich: Die beiden sind befreundet. Noch dazu, weil auch die sonstigen Umgangsformen der beiden in Deutschland eher dem von zwei befreundeten Personen entsprechen. In England hingegen ist ein lockerer Umgang zwischen Kunden/Dienstleister durchaus charakteristisch für eine rein geschäftliche Beziehung – immer vorausgesetzt, die Chemie stimmt.

Diese Antwort berührt damit den Kern des Missverständnisses.

■ Beispiel 27: Formell oder informell?

■ Situation

Andreas Meier bereitet gemeinsam mit seiner englischen Kundin Heather Hewston einen Workshop vor, für den der deutsche Unternehmensberater extra nach England anreisen wird. Die Vorbereitung der inhaltlichen Punkte erfolgt hauptsächlich über E-Mail. Man kommt gut voran und beide Seiten lassen bei der wochenlangen Vorbereitung immer wieder persönliche Themen mit anklingen: Besuch von Wimbledon hier, Schulanfang da, so dass sich aus Sicht des Deutschen ein recht entspanntes und interessantes Zusammenarbeiten ergibt und er sich auf das persönliche Kennenlernen bei dem Workshop freut.

Ganz unbewusst wechselt er in der Anrede der E-Mails auf »Dear Heather« – plötzlich hat er das Gefühl, dass Heathers E-Mails knapper werden und auch die persönlichen Themen wegfallen. Als er sie im Rahmen des Workshops darauf anspricht, erhält er eine überraschende Erklärung. Was sagt die Britin?

- Lesen Sie nun die Antwortalternativen nacheinander durch.
- Bestimmen Sie den Erklärungswert jeder Antwortalternative für die gegebene Situation und kreuzen Sie ihn auf der darunter befindlichen Skala entsprechend an. Es ist möglich, dass mehrere Antwortalternativen den gleichen Erklärungswert besitzen.

■ Deutungen

a) Der Wechsel zu »Dear« war für Heather ein Signal dafür, dass sie zu »chatty« geworden war und der Deutsche nun einen formelleren Ton anschlägt, um ihr dies zu signalisieren.

| sehr zutreffend | eher zutreffend | eher nicht zutreffend | nicht zutreffend |

b) Der Wechsel zu »Dear« hatte gar nichts mit der plötzlichen Sachorientierung der Britin zu tun, sondern ihrem Chef war aufgefallen, dass hier unnötig Zeit verplempert wurde.

| sehr zutreffend | eher zutreffend | eher nicht zutreffend | nicht zutreffend |

c) Heather war auf einem interkulturellen Training für Deutschland gewesen und dort hatte sie gelernt, dass Deutsche in der Arbeit wenig über Privates reden. Das hat sie gleich angewendet.

| sehr zutreffend | eher zutreffend | eher nicht zutreffend | nicht zutreffend |

d) »Dear« ist in Großbritannien eigentlich für ganz enge persönliche Beziehungen reserviert. Heather erschrak, als der Deutsche diese Anrede benutzte und wechselte sofort in einen formellen Umgangston, um keine falschen Hoffnungen zu wecken.

| sehr zutreffend | eher zutreffend | eher nicht zutreffend | nicht zutreffend |

- Versuchen Sie, Ihre Einstufung jeder Antwortalternative zu begründen. Halten Sie die Begründung in schriftlicher Form stichpunktartig fest.

– Lesen Sie nun die Erläuterungen zu jeder Antwortalternative durch und vergleichen diese mit Ihren eigenen Begründungen.

■ Bedeutungen

Erläuterung zu a):
Die Anrede »Dear« empfinden viele Briten in E-Mails als formell, vor allem wenn man schon länger im Austausch ist. Selbst im Geschäftsleben beginnen E-Mails mit »Hi«, wenn man sich schon mehrmals geschrieben hat – oft sogar komplett ohne Anrede: »Andreas, what I wanted to ask you.« Dies steht für Deutsche oft im Gegensatz zu ihrem Bild der britischen Höflichkeit und Small Talk-Kultur. Doch Briten sehen E-Mails ganz pragmatisch, fast wie eine SMS – kurz, knapp und wie eine unterbrochene Unterhaltung. In Deutschland hingegen orientieren sich E-Mails oft eher am Charakter eines Briefes: Grußformel am Anfang, Abschlussformel am Schluss, oft noch garniert mit netten Wünschen (schönes Wochenende, schöner Feierabend, Urlaub etc.) oder dem lokalen Wetterbericht (z. B. schöne Grüße aus dem sonnigen München). Das amüsiert wiederum Briten, denn zwischen Einstieg und Abschied geht es bei den Deutschen in der E-Mail oft recht ruppig zur Sache – aber am Schluss wird es mit den Wünschen und Grüßen eigentümlich freundlich und persönlich.

Vor diesem Hintergrund ist anzunehmen, dass die Britin den Wechsel zum »Dear« als Versuch zur Distanzierung interpretiert hat, während er beim Deutschen eher informell und passend zum sonstigen Ton empfunden wird.

Erläuterung zu b):
Britischen Chefs ist es sicher am liebsten, wenn ihre Mitarbeiter unermüdlich arbeiten und sich wenig ablenken lassen. Doch gehört zum britischen Alltags- und Arbeitsleben ein Mindestmaß an Small Talk und persönlichem Kontakt. Die Toleranz für nicht sachbezogenen Austausch ist daher im Vereinigten Königreich im Allgemeinen größer als in Deutschland. Darüber hinaus stellt sich die Frage, wie der Chef auf die inhaltliche Zusammensetzung der E-Mails hätte aufmerksam werden können. Dazu hätte

sie ihm seine Mitarbeiterin schon zur Verfügung stellen müssen, denn unmittelbaren Einblick in die E-Mails hat der britische Chef genauso wenig wie ein deutscher Chef. Eine andere Antwort erklärt die Situation besser.

Erläuterung zu c):
Hoffentlich war Heather in keinem interkulturellen Training, das sie zu blindem Anwenden von Verhaltensregeln und Erklärungsmustern anstiftet. Vielmehr sollte in einem Training für unterschiedlichste Situationen geübt werden (daher der Name »Training«), sich die eigene Erwartung bewusst zu machen, die eigene Irritation zu präzisieren und für das nicht erwartete Verhalten nach unterschiedlichen Erklärungen zu suchen und deren Plausibilität zu reflektieren. Dennoch besteht auch nach einem hochwertigen interkulturellen Training das Risiko, dass Gelerntes auf Situationen angewendet wird, in denen es nicht passt, und eine volle Ausdifferenzierung des kulturellen Verständnisses erst im Laufe der praktischen Erprobung entsteht.

In dieser Situation ist es aber tatsächlich so, dass der Deutsche selbst nichtwissentlich Signale sendet, die innerhalb von England so interpretiert werden, dass die Kommunikation formeller ablaufen sollte. Daher hat das Verhalten der Engländerin wohl kaum etwas mit einem interkulturellen Training zu tun, da sie sich so verhält wie in ihrem Kulturraum üblich.

Erläuterung zu d):
»Dear« ist eher eine formelle Anrede in E-Mails und damit nicht für Personen reserviert, zu denen man einen engen persönlichen Kontakt pflegt. Diese Erklärung trifft damit nicht zu.

▪ Beispiel 28: Eine deutsch-englische Freundschaft

▪ Situation

In einer Fortbildungsreihe seiner Firma lernte Herr Blaschke die Engländerin Angela kennen, mit der er sich sehr gut verstand und die ihn wohl auch sympathisch fand. Während der folgenden

Monate sahen sie sich häufig, da sie dieselben Veranstaltungen besuchten. Ihr letztes Treffen fand bei der abschließenden Prüfungen statt, wo man verabredete, sich anzurufen, um gemeinsam etwas zu unternehmen. Anrufe gab es mehrere, aber aus einer Verabredung wurde nie etwas, da zwischen Herrn Blaschkes Anruf und ihrem Rückruf oft Wochen vergingen. Als sie sich einmal zufällig über den Weg liefen, schien Angela sich genauso zu freuen wie Herr Blaschke, war aber in Eile und versprach anzurufen. Der Anruf ließ wieder »ewig« auf sich warten, und Herr Blaschke hatte keine Lust mehr, wieder die Initiative zu ergreifen. Warum entwickelte sich ihre Beziehung so?

– Lesen Sie nun die Antwortalternativen nacheinander durch.
– Bestimmen Sie den Erklärungswert jeder Antwortalternative für die gegebene Situation und kreuzen Sie ihn auf der darunter befindlichen Skala entsprechend an. Es ist möglich, dass mehrere Antwortalternativen den gleichen Erklärungswert besitzen.

▪ Deutungen

a) Die Engländerin hat einen Freund und der könnte eifersüchtig auf ein Treffen reagieren. Dies will sie vermeiden.

sehr zutreffend · eher zutreffend · eher nicht zutreffend · nicht zutreffend

b) In England haben solche Vereinbarungen nicht die gleiche Verbindlichkeit wie in Deutschland.

sehr zutreffend · eher zutreffend · eher nicht zutreffend · nicht zutreffend

c) Die Engländerin zählte Herr Blaschke gar nicht zu ihrem Freundeskreis, er hatte ihre Freundlichkeit überbewertet.

sehr zutreffend · eher zutreffend · eher nicht zutreffend · nicht zutreffend

d) Herr Blaschke wurde nur wegen seiner intellektuellen Qualitäten geschätzt und deswegen beschränkten sich die Kontakte
auf diesen Bereich. Briten denken in dieser Hinsicht ganz
praktisch.

| sehr | eher | eher nicht | nicht |
| zutreffend | zutreffend | zutreffend | zutreffend |

– Versuchen Sie, Ihre Einstufung jeder Antwortalternative zu
begründen. Halten Sie die Begründung in schriftlicher Form
stichpunktartig fest.
– Lesen Sie nun die Erläuterungen zu jeder Antwortalternative
durch und vergleichen diese mit Ihren eigenen Begründungen.

■ Bedeutungen

Erläuterung zu a):
Wie in Deutschland kann man in dieser Konstellation nicht ausschließen, dass Angela Herr Blaschke zwar nett findet, aber pri-
vate Treffen unterlässt, um ihren Freund nicht unnötig eifersüchtig zu machen. Die Häufigkeit mit der Deutsche in England in
vergleichbare Situationen geraten, ohne dass ein Freund der Hin-
derungsgrund sein kann, lässt es jedoch ratsam erscheinen, auch
andere, kulturell bedingte Erklärungen in Betracht zu ziehen.

Erläuterung zu b):
In England gilt nicht wie in Deutschland: Gesagt, getan. Vielfach
werden Floskeln verwendet, die durchaus Sympathie ausdrücken
im Sinne von »ich finde dich so sympathisch, dass ich sogar mit
dir essen gehen würde« – aber die einfach nicht wörtlich zu nehmen sind. Mit solchen Äußerungen wollen die Engländer keine
Verpflichtungen eingehen, sondern eine angenehme Atmosphäre
schaffen. Hinzu kommt, dass bei Briten an dieser Stelle häufig die
Hemmschwelle einsetzt, sich nicht aufdrängen zu wollen. Diese
Hemmschwelle wird bei Deutschen schon viel früher wirksam
und ist schon überwunden, wenn man freundschaftlichen Umgang pflegt. Die Umsetzung solcher allgemeiner, nicht wörtlich
zu nehmender Interessenbekundungen in die Tat kann entweder

124

ganz zufällig und spontan erfolgen oder viel wahrscheinlicher durch eine gehörige Portion Hartnäckigkeit.

Erläuterung zu c):
Es geschieht immer wieder, dass Deutsche Schwierigkeiten haben, am Verhalten von Engländern zwischen freundlichen und freundschaftlichen Umgangsformen zu unterscheiden. Angela hat sich Herrn Blaschke gegenüber sehr freundlich gezeigt und während der Fortbildung ergaben sich immer wieder zufällige Kontakte, die von beiden als positiv empfunden wurden. Diese Treffen hatten für Herrn Blaschke eine größere Bedeutung als für Angela, da er als Gast im Land wahrscheinlich noch keinen großen Freundeskreis hatte. Dies in Verbindung mit der Tatsache, dass ihr Verhalten gemessen an deutschen Normen freundschaftlich war, verleitete Herr Blaschke dazu, ihrer Beziehung eine größere Bedeutung beizumessen als Angela es tat.

Erläuterung zu d):
In dieser Hinsicht unterscheiden sich Briten und Deutsche wohl kaum. Bei Fehlen des nötigen Fachwissens wenden sich Personen aus beiden Ländern an Kollegen, die es besser wissen könnten, selbst wenn man sonst vielleicht nicht viel mit ihnen zu schaffen hat. Da sich Angela offensichtlich auch freute, Herrn Blaschke zu treffen, wenn es nichts Fachliches zu besprechen gab, erscheint es jedoch unwahrscheinlich, dass sie ihn nur wegen seiner »intellektuellen Qualitäten« schätzte. Ihr Verhalten war anders begründet.

◼ Lösungsstrategien

Wie würden Sie sich an Herr Blaschkes Stelle verhalten?
a) Wahrscheinlich hätte ich schon früher aufgegeben – man merkt ja, dass bei Angela kein richtiges Interesse an einer engeren Freundschaft besteht.
b) Ich würde betonen, dass ich nur an einer rein freundschaftlichen Beziehung interessiert bin.

c) Ich würde Angela fragen, warum sie sich nicht mit mir treffen will.

d) Ich gäbe unserer Freundschaft noch eine Chance, indem ich noch zumindest dreimal bei ihr anrufe.

Erläuterung zu a):

Sicherlich hat man nicht den Eindruck, Angela sei über beide Ohren in Sie verliebt, und Ihnen ist wohl an der Freundschaft zu Angela mehr gelegen – nicht zuletzt, weil Sie sonst kaum jemanden kennen. Daraus aber abzuleiten, dass Angela überhaupt kein Interesse an Ihrer Person hat, würde zu weit gehen. Durch die freundliche Art der Engländer wähnt man sich als Deutscher oft schon am Ziel, um dann feststellen zu müssen, dass die Beziehung stagniert oder sich nur sehr zögerlich in Richtung Freundschaft weiterentwickelt. Die Enttäuschung (»ich dachte, wir wären Freunde«) ist in solch einer Situation oft groß und verleitet zu einem gekränkten Abwenden. Dabei setzt in Großbritannien an dieser Stelle oft erst das Gewinnen einer Freundschaft ein – was davor war, lief unter Freundlichkeit/Höflichkeit. Hinzu kommt, dass in Deutschland für Verabredungen gilt: Abgemacht ist abgemacht, während Briten viel leichtfertiger sagen »I give you a call« oder »we should have lunch together«, ohne dabei diese Vorhaben fest einzuplanen. Diese Offerten sind häufig nichts als freundliche Gesten und sollten so auch verstanden werden. Erfolgt Angelas Anruf erst nach Wochen, spiegelt dies also kein Desinteresse, sondern das englische Verständnis solcher Vorschläge wider: Das ist eine nette Idee, die man irgendwann mal umsetzen könnte. Es wäre also bedauerlich, wenn Sie schon früher aufgegeben hätten, denn mit einer gewissen Hartnäckigkeit wäre vielleicht durchaus eine Freundschaft zwischen Ihnen und Angela zu erreichen gewesen.

Erläuterung zu b):

Um Missverständnissen vorzubeugen, kann es ganz hilfreich sein, klare Verhältnisse zu schaffen. Mit dieser Aussage könnte es Ihnen allerdings gelingen, Angela ordentlich zu überraschen. Zum einen ist es in England nicht gerade üblich, mit Bekannten – und das sind Sie für Angela noch – derart offen und direkt über emotionale

Belange zu sprechen. Zum anderen erkennt Angela wahrscheinlich nicht den Grund für diese Klarstellung, da sich ihre Beziehung in völlig unverfänglichem Rahmen bewegt. Diese Handlungsalternative geht wiederum von einer freundschaftlichen Nähe zwischen Ihnen und Angela aus, die von ihr nicht so gesehen wird. Andere Handlungsalternativen wären also angebrachter.

Erläuterung zu c):

Das ist für Deutschland eine durchaus angemessene Vorgehensweise, in England möglicherweise zu direkt. »How embarrassing ...«, »wie peinlich« wäre die englische Reaktion auf solch ein Vorgehen. Es ist sowohl unhöflich, direkt die Annahme zu äußern, dass sich Angela nicht mit Ihnen treffen will, als auch eine klare Stellungnahme von ihr zu erwarten. Zieht man dann noch in Betracht, dass sich Angela aus englischer Sicht Ihnen gegenüber völlig korrekt verhalten hat, kann man sich vorstellen, wie diese klärende Aussprache zu zusätzlichen Verstimmungen führen könnte: Sie machen Angela Vorwürfe, obwohl sie sich keiner Schuld bewusst sein muss. Sowohl Form (zu direkt) als auch Inhalt (Vorwurfshaltung) sind der Situation nicht angemessen. Wenn Sie Ihre Verwirrung über Angelas Verhalten zum Ausdruck bringen wollen, sollten Sie sich bemühen, dies möglichst vage und ohne große Verärgerung zu tun. So werden Sie weiter kommen als mit konfrontativem Vorgehen.

Erläuterung zu d):

Hartnäckigkeit gepaart mit einer etwas lockereren Interpretation von Zusagen und Verabredungen sind gute Voraussetzungen, um als Deutscher am englischen Kontaktverhalten nicht zu verzweifeln. Wenn Sie also in Zukunft nicht jeden Vorschlag für bare Münze nehmen und sich trotzdem immer wieder einmal melden, nähern Sie sich schon sehr englischem Verhalten an und erhöhen Ihre Chance auf Erfolg. Schön wäre es, wenn es Ihnen dabei gelänge, die Briten nicht einfach als unzuverlässig einzustufen. Sehen Sie es vielmehr als eine andere Form des zwischenmenschlichen Umgangs: Ihnen wird auf der Insel der anfängliche Kontakt überraschend leicht gemacht, dafür müssen Sie sich später etwas mehr anstrengen. In Deutschland stößt man auf die große Hürde zu

Beginn einer Bekanntschaft, danach halten sich die Anstrengungen in Grenzen. Deutsche in England berichten immer wieder, dass sie von ihren englischen Freunden gerade wegen ihrer Zuverlässigkeit besonders geschätzt wurden – Sie brauchen also Ihr Verhalten nicht komplett zu ändern, um in England Freunde zu gewinnen.

■ Beispiel 29: You can say you to me

■ Situation

Frau Henge arbeitete als team-assistent in einem mittelständischen englischen Betrieb. Sie war sehr überrascht, dass sich alle Kollegen mit dem Vornamen ansprachen. Für ihr direktes Umfeld fand sie das sehr angenehm, weil es eine lockere Atmosphäre schuf. Als sie jedoch feststellte, dass ihre Kollegen auch die höchsten Vorgesetzten mit dem Vornamen ansprachen, zweifelte sie daran, dass dies für sie auch schon gelte – sie kannte sie ja noch überhaupt nicht.
Wie ist diese Situation einzuschätzen?

– Lesen Sie nun die Antwortalternativen nacheinander durch.
– Bestimmen Sie den Erklärungswert jeder Antwortalternative für die gegebene Situation und kreuzen Sie ihn auf der darunter befindlichen Skala entsprechend an. Es ist möglich, dass mehrere Antwortalternativen den gleichen Erklärungswert besitzen.

■ Deutungen

a) Der Gebrauch von Vornamen soll den Zusammenhalt und die Zusammenarbeit im Team fördern (Managementstrategie).

| sehr zutreffend | eher zutreffend | eher nicht zutreffend | nicht zutreffend |

b) Als Neuling sollte man auf jeden Fall den Nachnamen verwenden und den Vorgesetzten mit »Sir« ansprechen. Die anderen Kollegen kennen den Chef einfach schon sehr lange.

sehr
zutreffend   eher
                      zutreffend   eher nicht
                                              zutreffend   nicht
                                                                    zutreffend

c) Hierarchien spielen in Großbritannien im Arbeitsleben eine untergeordnete Rolle. Deswegen werden keine Unterschiede zwischen Vorgesetzten und Kollegen gemacht.

sehr
zutreffend   eher
                      zutreffend   eher nicht
                                              zutreffend   nicht
                                                                    zutreffend

d) In England wird persönliche Nähe nicht so sehr über die Verwendung von Vor- oder Nachnamen bei der Anrede hergestellt.

sehr
zutreffend   eher
                      zutreffend   eher nicht
                                              zutreffend   nicht
                                                                    zutreffend

– Versuchen Sie, Ihre Einstufung jeder Antwortalternative zu begründen. Halten Sie die Begründung in schriftlicher Form stichpunktartig fest.
– Lesen Sie nun die Erläuterungen zu jeder Antwortalternative durch und vergleichen diese mit Ihren eigenen Begründungen.

◼ Bedeutungen

Erläuterung zu a):

Es ist in England viel üblicher, sich zu Beginn einer Bekanntschaft mit dem Vornamen vorzustellen, unabhängig davon, ob es sich nun um Arbeitskollegen und den Chef handelt oder ob sich ein Professor seinen Studenten vorstellt. Es handelt sich dabei also sicher nicht um eine Managementstrategie, auch wenn es vielleicht den Effekt einer informelleren, unmittelbareren Kommunikation mit sich bringt.

Erläuterung zu b):

Selbst als neue Mitarbeiterin kann es völlig in Ordnung sein, den Vorgesetzten mit dem Vornamen anzusprechen. In aller Regel wird er sich entsprechend bei dem neuen Mitarbeiter vorstellen. Man darf es dann also auch ruhig wagen, sie oder ihn mit dem

Vornamen anzusprechen, wenn man bei der Vorstellung nur diesen Namen erfährt. Es könnte bei dem einen oder anderen Vorgesetzten durchaus ein gelungener Einstand sein, wenn Sie ihn mit »Sir« ansprechen – sei es, weil er noch zu den wenigen Chefs der ganz alten Schule gehört, oder, und das ist sehr viel wahrscheinlicher, weil Sie ihn durch eine für diese Situation etwas antiquierte Anrede belustigen. Wenn dies aber nicht Ihre Absicht ist, sollten Sie sich eher an andere Erklärungen zu der Situation halten, denn die landläufig übliche Anspracheform ist dies nicht.

Erläuterung zu c):
Auf den ersten Blick kann man als deutscher Gast bei englischen Arbeitsgruppen oft kaum hierarchische Unterschiede beobachten: Der Umgangston ist unter allen betont locker, und es ist auch keine Person auszumachen, die klare Weisungen erteilt. Dennoch spielen Hierarchien in der englischen Gesellschaft und Wirtschaft mindestens eine so große Rolle wie in Deutschland. Sie werden jedoch subtiler und indirekter kommuniziert, als dies bei uns der Fall ist. Erst bei längerer Beobachtung wird augenfällig, dass die Vorgesetzten die größten Gesprächsanteile besitzen und ihre Weisungen oft eher wie Ratschläge oder Tipps wirken. Die Teammitglieder verwenden gegenüber den Führungskräften häufig einen gehobenen sprachlichen Code, um Respekt zu signalisieren – was für Nicht-Muttersprachler oft schwer zu erkennen ist. Daher befinden sie sich nicht im mindesten in einer schwächeren Position als deutsche Führungskräfte. Interessanterweise empfinden Deutsche den britischen Führungsstil, trotz des lockeren Umgangstons, oft sogar als hierarchisch: Die geringere Planungsorientierung der Briten (Kulturstandard *Pragmatismus*) führt dazu, dass englische Führungskräfte in engerem Kontakt zu ihren Mitarbeitern stehen um, wenn nötig, schnelle Absprachen und Korrekturen vorzunehmen. Deutsche empfinden dies oft als Kontrolle und würden umfassende Vereinbarungen bevorzugen, die ihnen langfristig Handlungsräume definieren. Briten empfinden wiederum solche Vereinbarungsprozesse als bürokratisch und deutsche Mitarbeiter, die dies fordern als unselbstständig. Zusammenfassend lässt sich also sagen, dass die Anrede mit dem Vornamen nichts mit einem Fehlen von Hierarchie zu tun hat.

Erläuterung zu d):
In Deutschland ist die Verwendung von Vornamen ein eindeutiges Signal dafür, dass man sich besser kennt und sich hierarchisch weitgehend auf gleicher Ebene befindet. Deswegen fällt es Frau Henge so schwer, ihren Chef, der ihr noch dazu völlig fremd ist, mit Vornamen anzusprechen. In England sind die Regeln für die Verwendung von Vornamen bei weitem nicht so strikt und es kommt ihnen außerdem nicht die Funktion des Abgrenzens zwischen Bekannten und Unbekannten, Vorgesetzten und Untergebenen zu. Dies wird stärker durch Inhalt, Themen und Ausgewogenheit der Gespräche widergespiegelt. Allerdings sollte man als Ausländer sicherheitshalber lieber noch bei der formalen Anrede mit Nachnamen bleiben, oder die Anrede mit Namen komplett vermeiden, bis man beim Gesprächspartner beobachten konnte, welche Anredeform er benutzt. Das Fehlen einer speziellen Höflichkeitsform im Englischen und die universelle Anwendbarkeit des »you« erleichtert solch ein abwartendes Verhalten.

■ Beispiel 30: How are you?

■ Situation

Herr Wagner arbeitete schon einige Wochen in England im Rahmen seines Praktikums. Jeden Morgen wurde er von dem Kollegen, mit dem er sich das Büro teilte, mit einem »Wie geht's?« begrüßt, und man plauderte dann ein paar Minuten über dies und jenes. Er empfand das als sehr angenehm. Eines Tages erhielt er aus Deutschland die Nachricht, dass seine Großmutter schwer erkrankt sei. Als ihn sein Kollege am nächsten Tag nach seinem Befinden fragte, redete sich Herr Wagner seine Sorgen von der Seele. Der Engländer schaute ganz betreten und schien sich nicht sonderlich wohl in der Situation zu fühlen.

Was ist das Verhalten des Kollegen zu erklären?

– Lesen Sie nun die Antwortalternativen nacheinander durch.
– Bestimmen Sie den Erklärungswert jeder Antwortalternative für die gegebene Situation und kreuzen Sie ihn auf der darun-

ter befindlichen Skala entsprechend an. Es ist möglich, dass mehrere Antwortalternativen den gleichen Erklärungswert besitzen.

■ Deutungen

a) Der Engländer hat ein schlechtes Gewissen, weil ihm nicht selbst aufgefallen ist, dass etwas mit seinem deutschen Kollegen nicht stimmt.

| sehr | eher | eher nicht | nicht |
| zutreffend | zutreffend | zutreffend | zutreffend |

b) Herr Wagners Kollege fühlt sich unwohl bei soviel Vertraulichkeit. So etwas würde er nur seinen besten Freunden erzählen.

| sehr | eher | eher nicht | nicht |
| zutreffend | zutreffend | zutreffend | zutreffend |

c) Den Briten überrascht die plötzliche Offenheit bei dem sonst so verschlossenen Deutschen.

| sehr | eher | eher nicht | nicht |
| zutreffend | zutreffend | zutreffend | zutreffend |

d) Der Kollege empfindet starkes Mitgefühl mit Herrn Wagner und schaut deshalb betreten.

| sehr | eher | eher nicht | nicht |
| zutreffend | zutreffend | zutreffend | zutreffend |

– Versuchen Sie, Ihre Einstufung jeder Antwortalternative zu begründen. Halten Sie die Begründung in schriftlicher Form stichpunktartig fest.
– Lesen Sie nun die Erläuterungen zu jeder Antwortalternative durch und vergleichen diese mit Ihren eigenen Begründungen.

◼ Bedeutungen

Erläuterung zu a):

In England ist die Privatsphäre besonders geschützt und dies gilt vor allem im Kontakt zu Personen, die nicht dem engen Freundeskreis angehören. Aus britischer Sicht hätte der Kollege also keinen Grund, ein schlechtes Gewissen zu haben, denn selbst wenn es Herrn Wagner schlecht geht, hat er sich nicht in dessen Privatsphäre einzumischen (und will es auch überhaupt nicht!). Ganz abgesehen davon verhält er sich auch aus deutscher Sicht tadellos: Was hätte er denn machen sollen, außer zu fragen, wie es Herrn Wagner gehe? Nein, diese Erklärung trifft nicht zu.

Erläuterung zu b):

Wie die Deutschen in den vorangegangenen Situationen, erkennt Herr Wagner nicht, dass er und sein Kollege aus dessen Sicht nicht miteinander befreundet sind – trotz des lockeren und freundschaftlichen Umgangs, den sie pflegen. Die Sorgen, die Herrn Wagner plagen, würde ein Engländer nur mit einem Freund teilen, und entsprechend unwohl fühlt sich sein Kollege als ihm Herr Wagner Dinge erzählt, die ihn nichts angehen. Ausgelöst wurde Herrn Wagners Verhalten wohl durch die Frage »How are you?«, die nur eine Floskel zur Eröffnung eines Gesprächs ist. Darauf wird in der Regel ebenfalls mit einer Floskel (»Thanks, fine« oder »Not too bad«) geantwortet. Derartige Floskeln sollen eine positive Gesprächsatmosphäre schaffen und die Distanz zwischen den Gesprächspartnern reduzieren, aber nicht wirklich Privates zu Tage fördern. Als Gast ist es also ganz hilfreich, sich eine Reihe dieser Redewendungen bei Engländern abzuschauen, um sie dann selbst parat zu haben.

Erläuterung zu c):

Aus der Situation geht nicht hervor, dass sich Herr Wagner gegen den morgendlichen Small Talk gesträubt hätte, sondern er plauderte offensichtlich gern mit seinem Kollegen. Bei diesen Schwätzchen erwarten die Engländer gerade nicht, dass man allzu Privates erzählt, denn diese Gespräche sollen möglichst entspannt und unkompliziert sein. Überrascht ist der Engländer in dieser Situation sehr wohl, allerdings darüber, wie Herr Wagner überhaupt auf die Idee kommt, ihm so etwas Persönliches zu erzählen.

Erläuterung zu d):
Man kann es dem Kollegen von Herrn Wagner schwerlich absprechen, dass er Mitgefühl für Herrn Wagner und dessen Großmutter empfindet. Doch geht es zu weit anzunehmen, dass einen Briten bei diesem Anlass das Mitgefühl übermannt und er offen seine Betroffenheit zeigt. Hinzu kommt, dass aus deutscher Sicht Briten zu verhaltenem emotionalen Ausdruck neigen und nicht mit plötzlichen Gefühlsaufwallungen überraschen.

■ Beispiel 31: Happy birthday

■ Situation

Frau Knabl teilte mit Mary Roth, einer Engländerin, das Büro, und die beiden verstanden sich gut, auch wenn sie sich noch nicht lange kannten. Als Frau Knabl erfuhr, dass Frau Roth Geburtstag hatte, wollte sie ihr gratulieren. Sie ging also am Morgen auf sie zu, streckt ihr die Hand entgegen und sagte: »Happy birthday«, worauf sich ihre Kollegin bedankte, Frau Knabls Hand aber ignorierte. Frau Knabl war völlig verunsichert und wusste nicht, wie sie das Benehmen ihrer Kollegin interpretieren sollte.
Warum hat Frau Roth nicht den Handschlag angenommen?

– Lesen Sie nun die Antwortalternativen nacheinander durch.
– Bestimmen Sie den Erklärungswert jeder Antwortalternative für die gegebene Situation und kreuzen Sie ihn auf der darunter befindlichen Skala entsprechend an. Es ist möglich, dass mehrere Antwortalternativen den gleichen Erklärungswert besitzen.

■ Deutungen

a) Händeschütteln ist sehr formell und schafft Distanz. Einfach nur so zu gratulieren wäre angebrachter gewesen.

| sehr zutreffend | eher zutreffend | eher nicht zutreffend | nicht zutreffend |

b) Mary hatte eigentlich erwartet, dass sie von ihrer Kollegin ein kleines Geschenk bekommen würde, und ist deswegen ein bisschen enttäuscht.

| sehr zutreffend | eher zutreffend | eher nicht zutreffend | nicht zutreffend |

c) Engländer mögen es nicht besonders, wenn so viel Theater um ihre Person gemacht wird.

| sehr zutreffend | eher zutreffend | eher nicht zutreffend | nicht zutreffend |

d) Händeschütteln ist eine sehr förmliche Art zu gratulieren – eigentlich hatte die Kollegin erwartet, dass Frau Knabl sie umarmt.

| sehr zutreffend | eher zutreffend | eher nicht zutreffend | nicht zutreffend |

– Versuchen Sie, Ihre Einstufung jeder Antwortalternative zu begründen. Halten Sie die Begründung in schriftlicher Form stichpunktartig fest.

– Lesen Sie nun die Erläuterungen zu jeder Antwortalternative durch und vergleichen diese mit Ihren eigenen Begründungen.

■ Bedeutungen

Erläuterung zu a):
Stärker als in Deutschland gilt in England Händeschütteln zur Begrüßung und zur Gratulation als formell und kühl. Man schüttelt sich die Hand nur bei offiziellen Vorstellungen und Preisver-

leihungen. So ist Mary sicher sehr überrascht von Frau Knabls Verhalten und empfindet es als ungewöhnlich kühl, ja distanziert. Dabei ging Mary davon aus, dass sie sich doch mit ihrer deutschen Kollegin eigentlich gut verstand, und nun sieht sie ja fast das Stereotyp der steifen Deutschen bestätigt. In ihrer Überraschung und weil sie es in England nicht so gewohnt ist, reagiert sie überhaupt nicht auf Frau Knabls ausgestreckte Hand.

Erläuterung zu b):
Selbst wenn Frau Knabl Mary ein wunderschönes Geschenk überreicht hätte, hätte ihr diese nicht die Hand gereicht. Nein, der Grund, warum Mary ihr nicht die Hand reicht, hängt nicht mit der Erwartung eines Geschenks zusammen.

Erläuterung zu c):
Zurückhaltung ist in der Tat eine sehr geschätzte Eigenschaft auf der Insel (vgl. *Selbstdisziplin*). So ist auch oft zu beobachten, dass sich Briten unwohl fühlen, wenn um ihre Person (zu viel) Aufhebens gemacht wird. Das förmliche Ritual des Händeschüttelns anlässlich des Geburtstags mag ebenfalls als zu viel des Guten empfunden werden.

Erläuterung zu d):
Wie schon unter a) erwähnt ist eine Gratulation zum Geburtstag mit Händedruck für den englischen Geschmack sehr formell und dem Anlass nicht angemessen. Daraus kann man allerdings nicht zwingend schließen, dass eine emotionalere Form mit Umarmung angebrachter gewesen wäre. Unter jungen Frauen auf der Insel ist inzwischen häufiger zu beobachten, dass sie sich mit Küsschen auf die Wangen und Umarmung begrüßen und verabschieden. Hier sollte man als Gast einfach genau beobachten, welche Umgangsformen im eigenen Bekanntenkreis gepflegt werden, um angemessen zu reagieren. Dieser Bereich verändert sich gegenwärtig rapide, weswegen bei Verallgemeinerung besondere Vorsicht angebracht ist.

◼ Kulturelle Verankerung von »Interpersonale Distanzreduzierung«

Der englische Kulturstandard, der den acht vorangegangenen Geschichten zugrunde liegt, heißt *Interpersonale Distanzreduzierung*. Er beschreibt die für Großbritannien typische Form der Regulierung von Nähe und Distanz im Umgang mit Mitmenschen. Dabei stellt er eine Gratwanderung zwischen zwei anderen bedeutsamen kulturellen Normen in England dar: Die immer noch wirksamen Prinzipien des Gentleman-Ideals verlangen schon allein aus Gründen der Höflichkeit, mit relativ Unbekannten ein paar freundliche Worte zu wechseln, die auch ohne Weiteres in ein ungezwungenes Gespräch münden können. Außerdem wird in diesem Zusammenhang die Fähigkeit, locker und unverbindlich mit jedem kommunizieren zu können (Small Talk), sehr hoch geschätzt und ist wesentlicher Bestandteil des Bildes vom weltgewandten Gentleman. Vergleichbar dem Kulturstandard *Selbstdisziplin* erfolgt die Verbreitung dieser Werthaltung über die Public Schools und über deren Einfluss auf die staatlichen Bildungseinrichtungen.

Wird die Fähigkeit zum unterhaltsamen Small Talk – auch mit Personen, die einem auf den ersten Blick nicht besonders sympathisch erscheinen – sehr geschätzt, so werden Neugier und Aufdringlichkeit in gleichem Maße abgelehnt. Hier wirkt der besondere Schutz der Privatsphäre des Einzelnen, und dies führt nicht zuletzt dazu, dass zum Beispiel Fragen wie »How are you?« zu Floskeln wurden, die nicht als wirkliche Fragen zu verstehen sind. Themen, die zu persönliche Bereiche berühren könnten, werden von vornherein ausgeklammert. In Großbritannien ist das Verständnis von Privatsphäre weiter gefasst und umschließt auch Bereiche wie etwa politische Ansichten, über die in Deutschland mit Vorliebe diskutiert wird.

Auch spontan vorgeschlagene Unternehmungen sind für Deutsche schwierig einzuordnen, denn es liegt nicht immer auf der Hand, ob es sich um ein distanzreduzierendes Element in der Unterhaltung handelt oder um einen wörtlich zu nehmenden Vorschlag. Dementsprechend muss eine positive Reaktion darauf nicht als verbindliche Abmachung bewertet werden, sondern als

Bestandteil eines freundlichen Kommunikationsklimas. Ein gewisses Maß an Ausdauer und Geduld im Aufbau von Beziehungen ist also gefordert.

Stellt man die in Deutschland und in England gepflegten Formen des interpersonalen Kontakts gegenüber, so sind sehr viele Gemeinsamkeiten zu entdecken: In beiden Kulturen kommt dem persönlichen, privaten Raum besondere Bedeutung zu. In Deutschland wird dessen Schutz durch distanziertes Verhalten gegenüber nicht näher Bekannten gewährleistet. Eine umfassende Öffnung erfolgt erst im Rahmen von Freundschaften. In England wird eine Kommunikationsform gepflegt, die zwar schneller das Gefühl von Nähe vermittelt, aber die Privatsphäre ebenso deutlich schützt wie bei uns. Sie wird ebenfalls nur Freunden zugänglich.

Missverständnisse ergeben sich beim Kontakt von Personen beider Kulturen dadurch, dass englisches Kontaktverhalten in das Verhaltensrepertoire freundschaftlichen Umgangs in Deutschland fällt. Es wird also eine Nähe und Freundschaft impliziert, die vom englischen Gegenüber so nicht unbedingt vermittelt werden soll. Die Fehleinschätzungen auf deutscher Seite häufen sich bei Verwendung distanzreduzierender, nicht wörtlich zu nehmender Elemente in der Konversation.

Nicht nur deutsche Gäste in England scheinen mit dieser Form der Kommunikation ihre Schwierigkeiten zu haben, auch der Holländer Renier (1930) stellt in seinem Buch »Sind die Engländer Menschen wie wir?« überspitzt fest: »Das gesprochene Wort spielt in diesem Lande tatsächlich eine so geringe Rolle in der Unterhaltung (...), dass nur wenige Leute die Voraussetzung für einen Erfolg darin besitzen. Der eingeführte Fremde schwimmt auf der (...) Oberfläche.« Mit dem hier vermittelten Wissen sollte jedoch ein Eintauchen möglich sein.

PLANNERER

■ Themenbereich 7: Deutschlandstereotyp

■ Beispiel 32: Die Brandanschläge

■ Situation

Herr Karl arbeitete im Vertrieb einer englischen Firma. Eines Morgens kam er zur Arbeit und wurde dort von seinen Kollegen mit Fragen bombardiert, ob er denn schon gehört habe, was in Deutschland los sei, und wie er sich denn das erkläre. Ob es nun in Deutschland wieder losgehe mit den Nazis. Es stellte sich heraus, dass in Deutschland ein Brandanschlag auf ein Asylbewerberheim verübt worden war. Als Herr Karl abends auch noch von seiner Vermieterin darauf angesprochen wurde, war er doch sehr überrascht über ein derart starkes Interesse und eine solch große Besorgnis unter den Engländern, die ja sonst nicht so viel mit dem »Kontinent« am Hut hatten.

Was macht es aus, dass die Briten so an diesem Thema interessiert sind?

- Lesen Sie nun die Antwortalternativen nacheinander durch.
- Bestimmen Sie den Erklärungswert jeder Antwortalternative für die gegebene Situation und kreuzen Sie ihn auf der darunter befindlichen Skala entsprechend an. Es ist möglich, dass mehrere Antwortalternativen den gleichen Erklärungswert besitzen.

■ Deutungen

a) Da es in England ähnliche Probleme gibt, sind die Engländer sehr daran interessiert, wie in anderen Ländern damit umgegangen wird.

| sehr zutreffend | eher zutreffend | eher nicht zutreffend | nicht zutreffend |

b) In Großbritannien ist es häufig so, dass über Probleme in anderen Ländern viel diskutiert wird; in der ehemaligen Weltmacht ist dieses globale Denken noch stark verwurzelt.

| sehr zutreffend | eher zutreffend | eher nicht zutreffend | nicht zutreffend |

c) Das besondere Interesse begründet sich in der Konfliktgeschichte der beiden Länder und der etwas verzerrten Berichterstattung über Deutschland.

| sehr zutreffend | eher zutreffend | eher nicht zutreffend | nicht zutreffend |

d) In Großbritannien ist die Berichterstattung über das Ausland sehr dürftig, weswegen man sich um Nachrichten aus erster Hand reißt.

| sehr zutreffend | eher zutreffend | eher nicht zutreffend | nicht zutreffend |

– Versuchen Sie, Ihre Einstufung jeder Antwortalternative zu begründen. Halten Sie die Begründung in schriftlicher Form stichpunktartig fest.
– Lesen Sie nun die Erläuterungen zu jeder Antwortalternative durch und vergleichen diese mit Ihren eigenen Begründungen.

■ Bedeutungen

Erläuterung zu a):
12 % der Bewohner Großbritanniens (37 % in London!) fühlen sich ethnischen Minderheiten zugehörig (Volkszählung 2011). So überrascht es nicht, dass es insbesondere in Ballungsräumen immer wieder zu Spannungen zwischen den unterschiedlichen Bevölkerungsgruppen kommt. Die Zeit der gewaltsamen Ausschreitungen in den 1960er und 1970er Jahren sind allerdings lange

vorbei und erfahren leider jüngst eine Wiederbelebung durch den auflebenden Rechtsradikalismus. Es kann jedoch mit Bestimmtheit gesagt werden, dass das Interesse an den Ereignissen in Deutschland anders begründet ist als in der Antwort vorgeschlagen.

Erläuterung zu b):
Auf politischer Ebene ist sicherlich noch etwas von der früheren Weltmachtposition zu beobachten, sei es durch die besondere Verantwortung gegenüber ehemaligen Kolonien oder dem Auftreten bei weltweiten Kriseninterventionen. In der Bevölkerung ist allerdings deswegen das Interesse an den Verhältnissen in anderen Ländern nicht stärker ausgeprägt als in Deutschland. Es ist eher sogar etwas schwieriger, sich über die Verhältnisse außerhalb des angelsächsischen Raums auf dem Laufenden zu halten, da die Berichterstattung nicht die internationale Orientierung besitzt wie in Deutschland. Hinzu kommt, dass sich politische Diskussionen im privaten Bereich bei Briten nicht der gleichen Beliebtheit erfreuen wie bei den Deutschen. Dieser Themenbereich tangiert die Privatsphäre und eignet sich so kaum für ein entspanntes Gespräch. Nein, das besondere Interesse an internationalen Geschehnissen begründet das Verhalten der Briten nicht.

Erläuterung zu c):
Deutschland und England sind durch ihre gemeinsame Vergangenheit gleichermaßen verbunden und getrennt. So ist das Deutschenbild auf der Insel von den Geschehnissen in und um den Zweiten Weltkrieg deutlich geprägt. Ereignisse in Deutschland, die dieses Bild betreffen, also mit Rechtsradikalismus, Nationalismus oder Militarismus zu tun haben, werden betont von der englischen Presse aufgegriffen und auch von der Bevölkerung mit Besorgnis registriert. Zum einen rührt diese Besorgnis aus der Tatsache, dass britische Soldaten im letzten Jahrhundert schon zweimal auf dem Kontinent eingesetzt wurden, um die Deutschen in ihre Schranken zu verweisen. Zum anderen erfahren Ereignisse wie die ausländerfeindlichen Brandanschläge in Deutschland auf der Insel eine besondere Bedeutung durch die ausführliche Berichterstattung, ganz im Gegensatz zu den sonst

eher spärlichen internationalen Nachrichten. Folglich ist dies die wahrscheinlichste Erklärungsalternative.

Erläuterung zu d):
Wie unter b) erwähnt, legt die Berichterstattung der englischen Medien einen deutlichen Fokus auf den angelsächsischen Raum und berücksichtigt den Rest der Welt weniger. Dies bedeutet jedoch nicht, dass sich die Bewohner der Insel auf jeden Fremden stürzen, um überhaupt Informationen über das Ausland zu erhalten. Diese Antwort ist zu überspitzt und trifft den Kern der Situation nicht.

■ Beispiel 33: Die Kündigung

■ Situation

Herr Stoffel bekam im Laufe seines Aufenthalts in England mit seinen Vermietern Schwierigkeiten: Er bezahlte für Halbpension, war jedoch am Wochenende nie beim Essen zu Hause. Deswegen entschloss er sich, pro Woche fünf Pfund weniger zu bezahlen. Als er jedoch seinem Vermieter erklärte, warum er weniger zahlen wolle und ihm die reduzierte Miete übergeben wollte, wurde dieser ausgesprochen wütend: Das könne man vielleicht in Deutschland so machen, aber hier nicht. Wenn man einen Preis für Halbpension ausgemacht habe, dann bleibe der – wenn Herr Stoffel beim Essen nicht da sei, dann sei das sein Problem. »Aber das ist typisch deutsch: Immer fordern, für alles wollen sie Gegenleistung, alles für sich. Und morgens um 6.00 Uhr das Handtuch an den Strand legen, aber erst um 12.00 Uhr kommen.« Da platzte Herrn Stoffel der Kragen und er kündigte das Mietverhältnis.

Aber eigentlich war ihm nicht klar, warum es dazu gekommen war, dass sich sein Vermieter so aufgeregt hat.

– Lesen Sie nun die Antwortalternativen nacheinander durch.
– Bestimmen Sie den Erklärungswert jeder Antwortalternative für die gegebene Situation und kreuzen Sie ihn auf der darunter

144

befindlichen Skala entsprechend an. Es ist möglich, dass mehrere Antwortalternativen den gleichen Erklärungswert besitzen.

■ Deutungen

a) Der Vermieter hat ein sehr negatives Bild von den Deutschen. Herrn Stoffels undiplomatisches Vorgehen hat ihn darin bestätigt und zu diesem Ausbruch geführt.

| sehr zutreffend | eher zutreffend | eher nicht zutreffend | nicht zutreffend |

b) »A deal is a deal«, das ist eine alte Rechtstradition, die im englischen *common law*[1] verankert ist. Daran sollte man sich halten.

| sehr zutreffend | eher zutreffend | eher nicht zutreffend | nicht zutreffend |

c) Herr Stoffel hat offensichtlich nicht bemerkt, dass die Geduld seines Vermieters schon erschöpft war, denn sonst hätte ein Brite wegen dieser Angelegenheit nicht so reagiert.

| sehr zutreffend | eher zutreffend | eher nicht zutreffend | nicht zutreffend |

d) Engländer nehmen oft Untermieter auf, um ihre knappen Finanzen aufzustocken. Eine Reduzierung der Miete führt da zu schmerzhaften Einschnitten.

| sehr zutreffend | eher zutreffend | eher nicht zutreffend | nicht zutreffend |

– Versuchen Sie, Ihre Einstufung jeder Antwortalternative zu begründen. Halten Sie die Begründung in schriftlicher Form stichpunktartig fest.

– Lesen Sie nun die Erläuterungen zu jeder Antwortalternative durch und vergleichen diese mit Ihren eigenen Begründungen.

---

1 Englisches Gewohnheitsrecht, das bis vor 1066 zurückverfolgt werden kann und nach wie vor gültig ist.

■ Bedeutungen

Erläuterung zu a):
Auf jeden Fall ist es ungeschickt von Herrn Stoffel, den Vorschlag einer Mietreduktion erst zu machen, als es darum geht zu bezahlen. Dann auch noch zu erwarten, dass er gleich weniger zu zahlen brauche, ist schon etwas dreist. Doch dies allein macht die Reaktion des Vermieters nicht verständlich. Herrn Stoffels Verhalten schien auch einem Vorurteil des Vermieters zu entsprechen, das dann prompt bestätigt schien: Das Bild des Deutschen, der das größte Stück vom Kuchen abhaben möchte. Die vom Vermieter zitierte Situation – der Kampf um die besten Strandliegen – ist in England Thema von Werbung und Cartoons gleichermaßen. Das Thema stammt aus Urlaubsorten im Süden. Dort, wo mit den Deutschen um die besten Plätze »gekämpft« wird, die diszipliniert und unersättlich schon früh aufstehen, um den Engländern (die gelassen ausschlafen) die besten Liegen wegzuschnappen – diese dann aber gar nicht nutzen! »Haben wollen, um des Habens willen« wird als typisch deutsch angesehen. Natürlich ist dieses Bild in der Werbung überspitzt und spiegelt nur verzerrt das Bild in den Köpfen mancher Briten wider. Allerdings scheint dort zumindest ein ähnliches Bild zu existieren, denn nur so kann der Erfolg solcher Werbespots und die Reaktion des Vermieters erklärt werden. Die deutsche Werbung spielt mit etwas schmeichelhafteren Englandstereotypen, wenn sie für Produkte mit Stil und Eleganz Käufer gewinnen will. Stereotype an sich müssen nicht schädlich sein. Probleme entstehen vor allem aus dem negativen Beigeschmack, der ihnen anhaften kann. Fleiß und Disziplin als deutsche Tugenden können von Engländern bewundert und gepriesen werden, so dass es für einen Deutschen peinlich wird. Als Deutscher auf der Insel sollte man um entsprechende Stereotype wissen, die sehr wirksam sind und bei denen man bei bestimmten Verhaltensweisen Gefahr läuft, deren negative Aspekte zu aktivieren.

Erläuterung zu b):
Viele Briten würden die Reaktion des Vermieters im Zusammenhang mit dieser alten Regel sehen, für die »abgemacht ist abge-

macht« eine annähernd treffende Übersetzung ist. Sie kann jedoch nicht die Bedeutung wiedergeben, die diesem Grundsatz zukommt. Große Teile des englischen Rechts entstammen dem alten Gewohnheitsrecht, dem *common law*, das über Jahrhunderte weitergegeben wurde und so stärker im Rechtsempfinden der Bevölkerung verankert ist als dies in Deutschland der Fall sein kann. Der Bruch solcher Gesetze kann zu aufrichtiger Entrüstung führen und mit ein Auslöser in dieser Situation sein. Andere Aspekte spielen allerdings ebenfalls eine Rolle. Lesen Sie dazu auch die anderen Erklärungen.

Erläuterung zu c):
Es ist in der Tat überraschend, von einem Briten solch einen Ausbruch zu erleben. Normalerweise wäre davon auszugehen, dass diese Situation allein nicht ausreichen würde, um ihn oder sie aus der Fassung zu bringen. Die Vermutung, dass dieser Streit eine Vorgeschichte hat, ist nicht ganz von der Hand zu weisen.

Erläuterung zu d):
In England ist es in größeren Städten durchaus nicht unüblich, sich zum Beispiel Studenten als Untermieter ins Haus zu holen, um das eigene Budget etwas aufzubessern. Allerdings würde dies allein selbst bei größter finanzieller Abhängigkeit nicht erklären, dass der Vermieter so ausfallend auf den Vorschlag einer Mietreduktion reagiert. Die Situation wird durch andere Antworten treffender erklärt.

■ Beispiel 34: Heil Hitler

■ Situation

Frau Uhland war mit ein paar deutschen Freunden in London in einer Diskothek. Ein junger Engländer von 16 oder 17 Jahren hörte, dass dies eine Gruppe Deutscher war. Er wandte sich ihnen zu, machte den »Hitlergruß« und sagte: »Heil Hitler!« Da ging Frau Uhland zu dem Jugendlichen und sagte: »Du, das ist vorbei. Da brauchst du nicht mehr blöd daherreden!« (»Don't talk such nonsense!«). Der Jugendliche war sichtlich geschockt über Frau Uhlands Reaktion und sagte nichts mehr. Frau Uhland wendete sich wieder ab und war etwas überrascht, wie wirkungsvoll ihre Reaktion war.

Wie ist diese Situation einzuschätzen?

– Lesen Sie nun die Antwortalternativen nacheinander durch.
– Bestimmen Sie den Erklärungswert jeder Antwortalternative für die gegebene Situation und kreuzen Sie ihn auf der darunter befindlichen Skala entsprechend an. Es ist möglich, dass mehrere Antwortalternativen den gleichen Erklärungswert besitzen.

■ Deutungen

a) Der Jugendliche wollte Frau Uhland provozieren, hatte aber nicht mit einer so heftigen Reaktion gerechnet.

sehr zutreffend	eher zutreffend	eher nicht zutreffend	nicht zutreffend

b) »Don't mention the war« heißt in England eine Regel für den Umgang mit Deutschen. Das wollte er zum Spaß ausprobieren und konnte feststellen, dass das nicht ganz falsch ist.

sehr zutreffend	eher zutreffend	eher nicht zutreffend	nicht zutreffend

c) Der Jugendliche wollte die Deutschen vertreiben und wusste, dass sie empfindlich auf dieses Verhalten reagieren würden.

sehr zutreffend	eher zutreffend	eher nicht zutreffend	nicht zutreffend

d) Der Engländer wusste gar nicht genau, was er sagte, und wollte mit den einzigen deutschen Worten, die er kannte, Kontakt aufnehmen.

sehr zutreffend	eher zutreffend	eher nicht zutreffend	nicht zutreffend

- Versuchen Sie, Ihre Einstufung jeder Antwortalternative zu begründen. Halten Sie die Begründung in schriftlicher Form stichpunktartig fest.
- Lesen Sie nun die Erläuterungen zu jeder Antwortalternative durch und vergleichen diese mit Ihren eigenen Begründungen.

■ Bedeutungen

Erläuterung zu a):

Wenn Deutsche auf diese Art angesprochen werden, empfinden sie dies auf den ersten Blick oft als eine Provokation: Sie werden wie Nazis begrüßt und sollen erst mal zeigen, dass sie keine sind. Die meisten Briten sind sich dieser Wirkung jedoch nicht bewusst, und es entspricht überhaupt nicht ihren sonstigen Gepflogenheiten der Kontaktaufnahme. Ein Gespräch mit einem Fremden durch eine Provokation zu eröffnen, reduziert deutlich die Chancen auf eine entspannte Unterhaltung, die in solchen Situationen meist gesucht wird. Sicher kann man es nicht völlig ausschließen, dass der Jugendliche die Deutschen ärgern wollte, aber seine eigene Überraschung spricht dagegen.

Erläuterung zu b):

Der »Xenophobe's guide to the English« meint »etwas« überspitzt zu diesem Thema: »*Confronted with one* (einem Deutschen), *they* (die Engländer) *will constantly be reminding themselves ›not to mention the war‹ whilst secretly wondering whether he or she is old enough to have fought in it.*« Es gibt also in England die Redewendung »don't mention the war«. Darunter wird verstanden, dass die Deutschen »etwas empfindlich sind« hinsichtlich des Themas Zweiter Weltkrieg. Deswegen sollte man als Brite diesen Bereich bei einem Gespräch besser ausklammern, und sei es allein, um nicht überheblich zu wirken. Jedoch sind die Vorstellungen darüber, warum die Deutschen darauf peinlich berührt reagieren, sehr vage und gehen eher in die Richtung, dass sich ein Verlierer ungern zu seiner Niederlage äußert. Es ist sehr gut möglich, dass der junge Engländer es anfangs für einen gelungen Spaß hielt, Deutsche mit dem »Hitlergruß« zu empfangen. Dann ist allerdings nicht davon auszugehen, dass er um die Reaktion Deutscher auf seine Worte wusste. Sonst wäre er wohl kaum so überrascht gewesen.

Erläuterung zu c):

In England herrscht nicht der Eindruck vor, dass es genügt, Deutsche an die dunklen Kapitel ihrer Geschichte zu erinnern, um sie aus einer Kneipe zu vertreiben. Diese Antwort ist die unwahrscheinlichste Erklärung.

Erläuterung zu d):

Für einen Deutschen entsteht in England der Eindruck, dass ein Schwerpunkt der britischen Mediendarstellung von Deutschland auf dem »Dritten Reich« liegt. In Filmen, Büchern, Comics wird dieses Thema häufig aufgegriffen und selbst in aktuellen Nachrichten wird immer wieder darauf Bezug genommen. Die am häufigsten zitierten deutschen Vokabeln in den englischen Medien beziehen sich auf wirtschaftliche Aspekte (»Mark«, »Bundesbank« etc.) und auf die Zeit des Nationalsozialismus in Deutschland (»Führer«, »Stahlhelm« etc.). Die wenigen deutschen Worte, die Briten kennen, sind somit häufig auf diese Quellen zurückzuführen.

Was jedoch meist nicht in die Darstellung mit eingeht ist die Tabuisierung solcher Begriffe im heutigen Deutschland und die dadurch bedingte Sensibilität der Deutschen für diesen Themenbereich. Insbesondere junge Deutsche stört und ärgert es, wenn sie vor allem mit diesen Aspekten der Geschichte ihres Landes in Verbindung gebracht werden.

■ Lösungsstrategien

Wie würden Sie sich an Frau Uhlands Stelle verhalten?
a) Ich würde versuchen, dem Jugendlichen sein Fehlverhalten zu erklären, damit ihm so ein Schnitzer nicht nochmals unterläuft.

150

b) Ich denke, ich würde mich wie Frau Uhland verhalten, vielleicht nicht ganz so heftig. So sehen die Engländer am deutlichsten, dass ihr Verhalten unpassend ist.

c) Ich würde zurückgrüßen und mir ein Lachen abringen.

d) Ich würde den Burschen einfach ignorieren.

Erläuterung zu a):

Ihm die Wirkung seines Verhaltens zu erklären versuchen ist sicherlich eine bessere Idee als sich über den jungen Engländer aufzuregen. Er ist Ihnen wahrscheinlich auch dankbar, wenn Sie ihm sagen, dass dies eine denkbar schlechte Methode ist, um mit Deutschen in ein nettes Gespräch zu kommen. Allerdings sollten Sie das möglichst kurz halten, denn für einen Small Talk zum Kennenlernen ist das »fairly heavy stuff«, und ein Vortrag über das Thema wäre ebenso wenig förderlich für eine Kontaktaufnahme.

Erläuterung zu b):

Es kommt natürlich darauf an, was Sie erreichen möchten: Ein ruhiger Abend mit Ihren Freunden, unbelästigt von Engländern – das dürften Sie erreichen, wenn Sie dem jungen Engländer eine deutliche Abfuhr verpassen, damit er das nie wieder macht. Wenn Sie jedoch auch ganz gern mit Briten in Kontakt kämen, sollten Sie vielleicht eine andere Methode wählen, um ihm mitzuteilen, dass sein Verhalten Deutsche sehr irritiert. Jemanden klar und deutlich die Meinung zu sagen, wird in Deutschland sehr geschätzt, harmoniert jedoch nicht mit englischen Verhaltensnormen. Dort wird geachtet, wenn man trotz Ärger in der Lage ist, den anderen durch die Blume wissen zu lassen, dass man sein Verhalten nicht gutheißt. Toll wäre also, wenn Sie es schaffen würden, die Ruhe zu bewahren.

Erläuterung zu c):

Zum einen ist es wohl eine Frage des persönlichen Geschmacks, ob man in einer englischen Diskothek den »Hitlergruß« als vermeintlich humorvolle Reaktion machen will, vielleicht aber auch eine Frage des schauspielerischen Talents, inwieweit Sie in der Lage sind, gut Miene zum bösen Spiel zu machen. Was Sie nicht außer Acht lassen sollten, sind andere Gäste, die das Vorspiel nicht beobachtet haben und nun nur noch den Deutschen sehen, der »Heil Hitler« sagt. Dies ist eher eine riskante Handlungsalternative.

Erläuterung zu d):
Ja, in solchen Situationen wäre man am liebsten nicht da, und am nächsten kommt diesem Wunsch das Ignorieren des Zeitgenossen, der einen in diese missliche Lage gebracht hat. Oder es ist Ihnen einfach zu blöd, auf dieses Verhalten zu reagieren. Sie müssen sich allerdings bewusst sein, dass Sie auch Signale senden, wenn Sie nichts tun. In diesem Fall würde das Ignorieren von den Engländern als Ablehnung Ihrer Kontaktaufnahme interpretiert werden und Sie würden wahrscheinlich bei der weiteren Beurteilung nicht besonders gut abschneiden: als arrogant, humorlos, langweilig. Eine aktivere Rolle würde Ihnen mehr Chancen bieten.

■ Kulturelle Verankerung von »Deutschlandstereotyp«

Der englische Kulturstandard, der den drei vorangegangenen Geschichten zugrunde liegt heißt *Deutschlandstereotyp*. 1996 vergaben 13- bis 15-jährige britische Jugendliche bei einer Befragung den ersten Platz als bekanntesten Deutschen in England an Adolf Hitler, wobei sich unter den ersten zehn Plätzen neben einer Reihe von Sportlern zwei weitere Nazi-Größen fanden (umgekehrt rangierte in Deutschland die königliche Familie auf den Spitzenplätzen).

Diese Umfrage reflektiert deutlich, in welchem Ausmaß die deutsch-englische Geschichte der ersten Hälfte des zwanzigsten Jahrhunderts das Deutschenbild auf der Insel prägt. Die Intensität, mit der diese Stereotype das Verhalten gegenüber Deutschen in Großbritannien beeinflussen, stellen sie von ihrer umfassenden Wirksamkeit her auf eine Stufe mit einem Kulturstandard.

Zum großen Teil gehen die Stereotype auf die beiden Weltkriege, insbesondere auf den Zweiten Weltkrieg zurück, da Großbritannien in dessen Verlauf direkten Angriffen Deutschlands auf sein Territorium ausgesetzt war. Diese nationale Bedrohung durch die Deutschen hat sich ebenso tief in das englische Bewusstsein eingegraben, wie deren Überwindung in Englands *finest hour* (Churchill). Aus dieser Zeit rührt ein verständliches, tiefes Misstrauen gegenüber Deutschland und jeglichen Tendenzen, die den Eindruck von übermäßigem Selbstbewusstsein, Machtansprüchen, Militarismus oder Rassismus erwecken.

Hinzu kommt, dass sich der »Verlierer« von den fatalen Kriegsfolgen offensichtlich schneller erholte als die »Gewinner« und letztendlich wirtschaftlich eine bedeutsamere Position erlangte. Dies stellte die britischen Vorstellungen von Gerechtigkeit völlig auf den Kopf und gab abwertenden, selbstschützenden Vorurteilen weitere Nahrung. Das Bild des zuverlässigen und fleißigen Deutschen, der fast wie ein Automat funktioniert und dementsprechend langweilig und humorlos ist, steht in Verbindung mit dieser Entwicklung.

Nicht zu vernachlässigen sind jedoch auch die Verstärkungen, die alte Stereotype durch tatsächliche kulturelle Differenzen beider Länder erfahren. Die Differenz hinsichtlich des englischen Kulturstandards *Selbstdisziplin*, die sich zum Beispiel in einer deutlicheren Selbstdarstellung äußert, schürt das Vorurteil, Deutsche hielten sich für die Besten. Gleiches gilt für die größere Planungsfreude auf deutscher Seite – sie kann das Stereotyp verstärken, dass die Deutschen tatsächlich alles wie eine Maschine angehen und für alle Eventualitäten ein Programm vorliegen haben müssen.

Die Vorstellung, dass in Deutschland »verzweifelt« nach dem tieferen Sinn und den Zusammenhängen hinter den Dingen gesucht wird, ist so ausgeprägt, dass sogar das Wort »Angst« Eingang in die englische Schriftsprache gefunden hat. Es wird immer dann verwendet, wenn in Deutschland weitverbreitete Sorgen zum Waldsterben, zur Kernenergie oder zur Rinderseuche in Stimmungsberichten der englischen Medien auftauchen.

Auch die anderen Stereotype werden nach wie vor in den Medien explizit oder implizit befördert, und selbst renommierte Zeitungen wie der »Guardian« vergessen selten, in Kommentaren über Deutschland mit diesen Deutschenbildern zu spielen. Besonders deutlich wird dies zu Zeiten politischer Krisen oder auch sportlicher Wettkämpfe.

Man sollte sich als Deutscher in England der Tatsache bewusst sein, dass man früher oder später zu einer Auseinandersetzung mit diesen Stereotypen und damit auch mit Teilen der deutschen Geschichte gezwungen sein wird. Sei es dadurch, dass man mit Besorgnis auf Entwicklungen in Deutschland angesprochen, an Stereotypen gemessen oder mit Phrasen aus der Zeit des »Dritten Reichs« angesprochen wird. Hier ist es wichtig zu wissen, dass die meisten jungen Briten nichts von der Tabuisierung nationalsozialistischer Umgangsformen und Diktionen aus dem »Dritten Reich« im heutigen Deutschland ahnen. Deswegen sind sie sich auch über die Schockwirkung auf Deutsche nicht im Klaren. Zwar gilt gegenüber Deutschen »don't mention the war«, häufig aber ohne konkrete Vorstellung über den Grund.

In diesem Sinne ist es hilfreich, von vornherein individuelle Strategien für den Umgang mit dieser Konfrontation zu entwickeln, die nicht zu nahe an deutschen Stereotypen liegen. Eine gute Möglichkeit scheint ein humorvoller Umgang zu bieten, anstatt über aktuelle Verhältnisse in Deutschland zu dozieren.

Die sehr positive Wahrnehmung von Deutschland während der Fußball-WM 2006 hat gezeigt, dass das Bild der Deutschen in Großbritannien nicht irreversibel, sondern im Wandel begriffen ist. Manche Unternehmen spielen sogar selbstironisch mit den Stereotypen und werben wie eine deutsche Reifenfirma mit dem Slogan: »Dull, grey and reliable – what do you expect of a German?«

154

◼ Neues und Bekanntes zur Wiederholung

◼ Beispiel 35: Zwei Bier

◼ Situation

Herr Thiel ging zu Beginn seines England-Aufenthalts mit seiner Freundin abends in eine Kneipe. Sie beide waren begeisterte Liebhaber der englischen Pub-Kultur und hatten sich schon allein aus diesem Grund auf ihr Jahr in England gefreut. An der Theke bestellte er für sich und seine Freundin »two beers«, woraufhin ihn der Kellner korrigierte: »Two beers please!« Herr Thiel fand dies eine Unverschämtheit – seit wann wird denn in einer ganz normalen Kneipe so viel Wert auf den Umgangston gelegt?

- Lesen Sie nun die Antwortalternativen nacheinander durch.
- Bestimmen Sie den Erklärungswert jeder Antwortalternative für die gegebene Situation und kreuzen Sie ihn auf der darunter befindlichen Skala entsprechend an. Es ist möglich, dass mehrere Antwortalternativen den gleichen Erklärungswert besitzen.

◼ Deutungen

a) Das Verhalten des Kellners ist für einen Briten tatsächlich ungewöhnlich unhöflich.

| sehr zutreffend | eher zutreffend | eher nicht zutreffend | nicht zutreffend |

b) Offensichtlich befand sich Herr Thiel in der Lounge eines Pubs, wo sich nur Gäste aus der Oberschicht aufhalten und deswegen sehr wohl auf einen gepflegten Umgangston geachtet wird.

sehr zutreffend   eher zutreffend   eher nicht zutreffend   nicht zutreffend

c) Solch ein Verhalten findet man häufig bei Briten, die Ausländern eher ablehnend gegenüberstehen.

sehr zutreffend   eher zutreffend   eher nicht zutreffend   nicht zutreffend

d) Höfliche Wortwahl und ein »please« bei allen Wünschen wird Briten schon von Kindesbeinen beigebracht. Ohne dieses Wörtchen klingt die Bestellung fast wie ein Befehl.

sehr zutreffend   eher zutreffend   eher nicht zutreffend   nicht zutreffend

– Versuchen Sie, Ihre Einstufung jeder Antwortalternative zu begründen. Halten Sie die Begründung in schriftlicher Form stichpunktartig fest.

– Lesen Sie nun die Erläuterungen zu jeder Antwortalternative durch und vergleichen diese mit Ihren eigenen Begründungen.

■ Bedeutungen

Erläuterung zu a):

Wie Sie unter *Indirektheit interpersonaler Kommunikation* schon erfahren haben, ist es in England äußerst unüblich und unhöflich, direkte Kritik zu äußern. So fällt dieser Kellner tatsächlich aus dem Rahmen des sonst üblichen Verhaltens. Solche Abweichungen von kulturellen Normen können durch Schichtzugehörigkeit, Alter, Region oder persönliche Erfahrungen bedingt sein. In diesem Fall ist es plausibel anzunehmen, dass der Kellner schon häufiger Kontakt mit Touristen hatte und dabei die Erfahrung machen musste, dass indirekte Kritik von diesen kaum zur

Kenntnis genommen wird. Aus diesem Grund wird er dann deutlicher, als sich Herr Thiel für britische Verhältnisse unhöflich verhält. Der Kellner hat bei seiner Arbeit also ebenfalls Bausteine fremder Kulturen kennengelernt und wendet diese nun im interkulturellen Kontakt an. Die Möglichkeit, dass ein Brite partiell deutsche Normen kennt, sich dementsprechend verhält und damit von englischen Kulturstandards abweicht, sollten Sie im interkulturellen Kontakt nicht aus außer Acht lassen. Die Normen Ihrer Gegenüber sind nicht statisch, sondern sie können ebenso wie Sie Elemente ihrer eigenen Kultur beinhalten.

Erläuterung zu b):
Die Differenzierung zwischen einer Lounge für gehobene Bevölkerungsschichten und einem Raum für die Arbeiterklasse geht bis weit in das letzte Jahrhundert zurück, ist aber inzwischen in den Pubs absolut nicht mehr üblich. Zwar unterscheiden sich noch häufig gerade in älteren Kneipen die beiden Räume in ihrer Ausstattung – die Lounge ist wie ein großes Wohnzimmer mit Teppich und Sesseln möbliert, der andere Raum ist eher einfach gehalten –, aber die Gäste können beliebig wählen, welchen Bereich sie nutzen wollen. Nein, diese Antwort trifft nicht zu.

Erläuterung zu c):
Die Deutlichkeit der Fehlerkorrektur lässt erahnen, dass der Kellner häufiger solche Erfahrungen mit Ausländern gemacht hat und deswegen von der unhöflichen Art des Deutschen etwas genervt ist. Sein Verhalten stellt aber eine Ausnahme dar und dürfte selbst bei Briten, die Ausländern ablehnend gegenüberstehen, selten zu beobachten sein.

Erläuterung zu d):
Wie schon in den vorangegangenen Kapiteln deutlich wurde, wird auf der Insel sehr viel Wert auf eine höfliche Wortwahl und gewählte Ausdrucksweise gelegt. In der Tat klingt ein Wunsch, dem ohne das Wörtchen »please« Ausdruck verliehen wird, in britischen Ohren häufig wie ein Befehl. Diese Norm wird auch einem Kellner gegenüber gewahrt, der sich nicht herumkommandieren lassen muss. Allerdings ist die Art, mit der Herr Thiel

von dem Kellner auf seinen unpassenden Ton hingewiesen wird, für Briten ungewöhnlich deutlich.

■ Beispiel 36: Ein Fall von Heuchelei?

■ Situation

Tom, der englische Freund von Frau Feil, sagte ihr gegenüber durchaus, wen ihrer deutschen Freunde und Freundinnen er gern mochte und welche ihm eher unsympathisch waren. Aber zu Frau Feils Verwunderung ließ er sich das diesen Personen gegenüber nicht anmerken: Wenn er mit ihr ausging und ihre Freunde dabei waren, schloss er nie einen aus. Das einzige Zeichen, das Frau Feil deuten konnte, bestand darin, dass Tom sich nicht gerade neben die Leute setzte, die er nicht leiden konnte. Ergab es sich aber anders, plauderte er auch mit ihnen.

Was war der Grund für sein Verhalten?

– Lesen Sie nun die Antwortalternativen nacheinander durch.
– Bestimmen Sie den Erklärungswert jeder Antwortalternative für die gegebene Situation und kreuzen Sie ihn auf der darunter befindlichen Skala entsprechend an. Es ist möglich, dass mehrere Antwortalternativen den gleichen Erklärungswert besitzen.

■ Deutungen

a) Seine Abneigung offen zu zeigen, wäre peinlich.

b) Tom zeigte seine Abneigung durchaus, nur fällt dies in Großbritannien subtiler aus.

c) Tom wollte seiner Freundin keine Schwierigkeiten machen.

sehr   eher   eher nicht   nicht
zutreffend   zutreffend   zutreffend   zutreffend

d) Gemeinschaft ist in England wichtiger als einzelne Personen, da werden unsympathische Menschen durchaus auch mal in Kauf genommen.

sehr   eher   eher nicht   nicht
zutreffend   zutreffend   zutreffend   zutreffend

– Versuchen Sie, Ihre Einstufung jeder Antwortalternative zu begründen. Halten Sie die Begründung in schriftlicher Form stichpunktartig fest.
– Lesen Sie nun die Erläuterungen zu jeder Antwortalternative durch und vergleichen diese mit Ihren eigenen Begründungen.

■ Bedeutungen

Erläuterung zu a):

In Deutschland gibt es eine Reihe Situationen, in denen man sich zurückhält und seinem Gegenüber seine Abneigung nicht offen zeigt. Dies kann durch ein Abhängigkeitsverhältnis bedingt sein, oder weil man zum Beispiel Dritte nicht brüskieren möchte.

In England ist es aber grundsätzlich üblich, Abneigung oder Zuneigung nicht offen zur Schau zu stellen (Kulturstandard *Selbstdisziplin*, wie Sie sicher noch wissen). Es wird vielmehr geschätzt, die eigenen Gefühle unter Kontrolle zu haben und es wäre geradezu peinlich, wenn man seine Abneigung einer Person gegenüber nicht unterdrücken könnte. Allein aufgrund der Tatsache, dass man jemanden nicht besonders schätzt die Atmosphäre zu vergiften und den Abend zu verderben, würde von Engländern weder verstanden noch gutgeheißen.

Erläuterung zu b):

Frau Feil konnte bei Tom in der Kneipe nur kleine Anzeichen bemerken, die darauf hindeuteten, welchen Personen er nicht so besonders zugetan war. Hier kommt zum Tragen, dass englische Kommunikation häufig auf viel leiseren Sohlen unterwegs ist als deutsche: Kritik wird vorsichtiger geäußert, Anweisungen können wie freundschaftliche Vorschläge wirken und Ablehnung spiegelt sich oft nur in Häufigkeit und Länge eines trotzdem freundlichen *Small Talks* wider.

In solchen Situationen gehen in England *Selbstdisziplin* und *Indirektheit der Kommunikation* Hand in Hand: Man hat die eigenen Gefühle so weit im Griff, dass sie nicht offenkundig werden, und wenn Signale gesendet werden, fallen sie für deutsche Augen und Ohren sehr vage aus. Dieses Verhalten der Engländer kann zu dem Eindruck führen, dass ihre Freundlichkeit nur geheuchelt sei, allerdings unterstellt man ihnen dadurch böse Absicht. Dahinter steht jedoch eine größere Toleranz gegenüber uneindeutigen Situationen und ein daraus resultierendes geringeres Bedürfnis, »klar und deutlich zu sagen, was Sache ist«. Begleitet wird dies noch durch eine Abneigung gegenüber offenen Animositäten.

Erläuterung zu c):
Es kann davon ausgegangen werden, dass es Tom fern lag, seine Freundin in eine unangenehme Situation zu bringen. Allerdings hätte Tom seine Ablehnung auch nicht offener gezeigt, wenn seine Freundin nichts mit den Personen zu tun gehabt hätte. Diese Antwort beleuchtet nur einen Teilaspekt seines Verhaltens. Andere Erklärungen gewähren einen tieferen Einblick in seine Motivation.

Erläuterung zu d):
In England wird Gruppenzugehörigkeit in vielen Fällen stärkere Bedeutung beigemessen als dies in Deutschland der Fall ist. Mit gewissem Stolz wird nach außen Verbundenheit zur Schule, Universität oder Schicht gezeigt, während innerhalb der Gruppe immer wieder Gemeinsamkeit und Solidarität betont werden.

Es ist allerdings fraglich, wie stark dies hier zum Tragen kommt. Zwar spielt bei Tom sicher der Gedanke eine Rolle, dass er mit seiner Abneigung gegenüber Einzelnen nicht eine unnötig gespannte Atmosphäre in der Gruppe erzeugen möchte, jedoch hat dies weniger etwas mit »Teamgeist« zu tun, denn dieses Verhalten lässt sich auch beim Kontakt unter vier Augen beobachten. Die beiden ersten Antworten erklären sein Verhalten zutreffender.

■ Beispiel 37: Nur Geduld

■ Situation

Herr Pfister lebte in einem Vorort von London. Er war mit dem Zug in die Innenstadt gefahren, um dort Erledigungen zu machen und Einkäufe zu tätigen. Dabei hatte er die Zeit aus den Augen verloren und war nun etwas unruhig, als er in einem Londoner Kaufhaus an der Kasse warten musste: Er hatte es eilig, da in einer Viertelstunde sein Zug abgefahren sein würde.

Als der Kunde vor ihm an der Reihe ist, zahlt dieser mit Scheck, und Herrn Pfister kommt es vor, als würde es eine Ewigkeit dauern. Nachdem der Kunde auch noch einen Fehler beim Ausstellen des Schecks macht und anfängt, einen neuen auszufüllen, fragt Herr Pfister den Kassierer, ob er ihn nicht schnell bedienen könne, er würde sonst seinen Zug verpassen.

Der Kassierer antwortete ihm: »Nun haben Sie doch etwas Geduld. Und wenn Sie diesen Zug verpassen, nehmen Sie halt den nächsten.«

Wie war dieses Verhalten zu verstehen?

– Lesen Sie nun die Antwortalternativen nacheinander durch.
– Bestimmen Sie den Erklärungswert jeder Antwortalternative für die gegebene Situation und kreuzen Sie ihn auf der darunter befindlichen Skala entsprechend an. Es ist möglich, dass mehrere Antwortalternativen den gleichen Erklärungswert besitzen.

■ Deutungen

a) In Sachen Kundenfreundlichkeit liegen die Engländer sogar noch hinter den Deutschen.

| sehr zutreffend | eher zutreffend | eher nicht zutreffend | nicht zutreffend |

b) Der Kassierer wagte es einfach nicht, jemanden vorzulassen.

sehr
zutreffend
eher
zutreffend
eher nicht
zutreffend
nicht
zutreffend

c) In England gilt »Fairplay«: Wer dran ist, ist dran.

sehr
zutreffend
eher
zutreffend
eher nicht
zutreffend
nicht
zutreffend

d) Selbstbeherrschung ist in England eine Tugend und die ist gerade beim Schlangestehen gefordert.

sehr
zutreffend
eher
zutreffend
eher nicht
zutreffend
nicht
zutreffend

- Versuchen Sie, Ihre Einstufung jeder Antwortalternative zu begründen. Halten Sie die Begründung in schriftlicher Form stichpunktartig fest.
- Lesen Sie nun die Erläuterungen zu jeder Antwortalternative durch und vergleichen diese mit Ihren eigenen Begründungen.

■ Bedeutungen

Erläuterung zu a):
In Bezug auf Kundenfreundlichkeit und Kundendienst unterscheiden sich die Engländer in der Tat von den Deutschen. Allerdings verhält es sich genau umgekehrt wie in der Antwort dargestellt. Service wird in England ganz groß geschrieben. Dies kann selbst in riesigen Supermärkten so weit reichen, dass man von einer Verkäuferin bis zu der Ware geführt wird, nach der man sich erkundigt hat, oder Verkäufer Personen, die Hilfe benötigen, bei deren gesamten Einkauf begleiten.

Wer sich darüber beklagt, warum dies für deutsche Verkäufer keine Selbstverständlichkeit ist, sollte sich vor Augen führen, dass in England meist wesentlich mehr, aber deutlich schlechter bezahltes Personal zur Verfügung steht. So bleibt natürlich auch mehr Zeit für Kundendienst.

Das Verhalten des Kassierers hat also nichts damit zu tun, dass in England Kundenfreundlichkeit keine Bedeutung beigemessen wird. Dennoch überrascht die ungewöhnliche Deutlichkeit seiner Zurechtweisung und lässt, ähnlich wie bei der Situation »two beers«, vermuten, dass er schon öfter gezwungen war, ausländische Gäste auf englische Regeln hinzuweisen.

Erläuterung zu b):

Man kann es nicht völlig ausschließen, dass der Kassierer fürchtet, die anderen Kunden hätten etwas dagegen, wenn er Herrn Pfister in der Zwischenzeit bedienen würde. Aus englischer Sicht wäre es eindeutig unhöflich, den Kunden, der gerade seinen Scheck ausfüllt, einfach zu übergehen und eventuell gar zu verursachen, dass dieser Kunde warten müsste. Die Deutlichkeit seiner Aussage legt aber auch nahe, dass der Kassierer selbst ehrlich von Herrn Pfisters Verhalten genervt ist und ihn deswegen zurechtweist.

Andere Antworten treffen den Sachverhalt noch besser.

Erläuterung zu c):

Das Prinzip des »queuing«, des Schlangestehens, beinhaltet auf jeden Fall den Grundsatz, der auf deutsch »wer zuerst kommt, mahlt zuerst« heißt. Dies ist in England absolut kein reines Lippenbekenntnis, wie es oft in Deutschland zu beobachten ist, sondern wird selbst bei größter Eile eingehalten. Alle sind gleichgestellt und niemand darf für sich den Anspruch erheben, über (bzw. vor) den anderen zu stehen und bevorzugt behandelt zu werden.

Warum dieses Prinzip auch eisern in allen Situationen durchgehalten wird und selbst unter größten Sachzwängen nicht gedrängelt wird, erklärt allerdings eine andere Antwort.

Erläuterung zu d):

In der Tat wird in diesen Situationen bei Engländern der Kulturstandard *Selbstdisziplin* wirksam: Die eigenen Bedürfnisse werden zurückgestellt oder zumindest nicht gezeigt. Vielmehr gibt man sich gelassen, geduldig und nimmt sich selbst nicht wichtiger als andere Personen. Ungeduld zeigen und Unmut über lange Wartezeiten zu äußern ist ebenso peinlich wie Versuche zu drängeln.

Herr Pfister zeigt in dieser Situation deutlich seine Ungeduld und ist sich nicht bewusst, dass sein Vorhaben in England äußerstes Fingerspitzengefühl und ausgewählte Höflichkeit erfordert. Die einfache Frage, »können Sie mich in der Zwischenzeit kurz bedienen«, ist zu sachorientiert und lässt viel zu wenig durchblicken, wie sehr man es bedauert, wie peinlich es einem ist, an dieser Stelle eine Sonderbehandlung zu wünschen.

■ Lösungsstrategien

Wie würden Sie sich an Herrn Pfisters Stelle verhalten?

a) Ich würde in der Schlange warten, bis ich an der Reihe wäre, selbst wenn ich so den Zug verpassen würde.
b) Ich würde darauf beharren, bedient zu werden – irgendwie muss ich ja meinen Zug noch erwischen.
c) Ich würde den Kunden vor mir bitten, mich vorzulassen.
d) Ich würde abgezählt das Geld auf den Kassentisch legen und zu meinem Zug eilen.

Erläuterung zu a):
Mit dieser Methode könnten Sie auf jeden Fall sicher sein, in kein Fettnäpfchen zu treten, und Sie würden sich kulturkonform verhalten. Eine andere Frage ist natürlich, wie gut Sie selbst dieses Vorgehen verkraften würden und ob Sie es sich immer erlauben können, aus solchen Gründen zu spät zu kommen.

Problematisch ist bei der Anpassung an die Normen fremder Kulturen, inwieweit man die eigenen Werte verleugnen oder zur Seite legen kann, ohne sich dabei ständig ärgern zu müssen. So wäre es wenig wünschenswert, wenn Sie in solchen Situationen vor Wut kochend in der Schlange stünden und eine Stunde zu spät zu einem Vorstellungsgespräch kämen. Erstrebenswerter wäre es wohl, sein Ziel zu erreichen und in der Zwischenzeit bedient zu werden, ohne den Unmut aller Anwesenden auf sich zuziehen.

Andere Handlungsalternativen kommen diesem Ziel näher.

Erläuterung zu b):
Es ist verständlich, dass es nicht Ihr Ziel ist, zähneknirschend in der Schlange zu stehen und den Zug zu verpassen. Aber es ist Ihnen sicher klar, dass Sie sich mit dem Beharren nicht gerade

beliebt machen, denn wenn der Kassierer Sie beim ersten Versuch schon zurechtweist, wird er beim zweiten kaum plötzlich erfreut sein.

Vielleicht würde es Sie weiterbringen, wenn Sie gleich von vornherein eine andere, für Engländer akzeptablere Strategie wählen würden. Auch in England wird nicht gern der Zug verpasst – es gibt also Wege und Möglichkeiten, diese Situation ohne allgemeinen Ärger zu lösen.

Erläuterung zu c):
Den Kunden anzusprechen ist vielleicht der beste Weg, um zum Ziel zu kommen, ohne in ein kulturelles Fettnäpfchen zu stapfen. Wenn es Ihnen gelingt, Ihr Anliegen höflich (»Excuse me Sir, would you mind . . .«) und um Verzeihung bittend (»I am awfully sorry . . .«) vorzubringen, sind Sie bei dem Kunden sicher an der besseren Adresse als bei dem Kassierer, dem es eigentlich gar nicht zusteht, Sie vorzulassen. Mit dem richtigen Ton stehen die Chancen auch nicht schlechter als in Deutschland, dass Sie Gehör finden und sich nicht in der Schlange schwarz ärgern müssen.

Erläuterung zu d):
Wenn die Ware nicht elektronisch diebstahlgesichert ist, haben Sie eine gute Chance, dass Ihr Verhalten, wenn auch vielleicht kopfschüttelnd, akzeptiert wird. Höflich und guter Stil ist es deswegen noch nicht unbedingt. Sie sollten dieses Vorgehen zumindest durch eine Vielzahl von »awfully sorry« begleiten und die Dringlichkeit betonen, mit der Sie diesen Zug erwischen müssen.

Peinlich wird die ganze Sache natürlich, wenn die Ware gesichert ist und Sie den Alarm auslösen.

■ Beispiel 38: Die Party

■ Situation

Zu Beginn seines Auslandsstudiums in England wurde Herr Ruprecht von einem englischen Kollegen auf eine Party eingeladen. Im Laufe dieses Abends lernte er eine Reihe von Leuten kennen, musste jedoch feststellen, dass das gegenseitige Vorstellen oft sehr ungewohnt ablief: Er ging auf die Leute zu, sagte: »Hallo, ich heiße Ruprecht!« und streckte ihnen zur Begrüßung die Hand entgegen. Die meisten ignorierten jedoch seine Hand völlig und entgegnete nur »Hi« und nannten ihren Namen, was ihn doch sehr irritierte und verunsicherte.

Warum verhielten sich die Engländer so?

– Lesen Sie nun die Antwortalternativen nacheinander durch.
– Bestimmen Sie den Erklärungswert jeder Antwortalternative für die gegebene Situation und kreuzen Sie ihn auf der darunter befindlichen Skala entsprechend an. Es ist möglich, dass mehrere Antwortalternativen den gleichen Erklärungswert besitzen.

■ Deutungen

a) Den eher reservierten Engländern ist Herr Ruprecht zu schwungvoll, er überrumpelt sie einfach.

| sehr zutreffend | eher zutreffend | eher nicht zutreffend | nicht zutreffend |

b) Wer nicht zur Gruppe gehört, wird zunächst recht kühl begrüßt.

| sehr zutreffend | eher zutreffend | eher nicht zutreffend | nicht zutreffend |

c) Den Engländern ist die Begrüßung mit Händedruck zu formell.

| sehr zutreffend | eher zutreffend | eher nicht zutreffend | nicht zutreffend |

d) Herr Ruprecht drängt sich für englischen Geschmack ein bisschen zu sehr in den Vordergrund.

| sehr zutreffend | eher zutreffend | eher nicht zutreffend | nicht zutreffend |

- Versuchen Sie, Ihre Einstufung jeder Antwortalternative zu begründen. Halten Sie die Begründung in schriftlicher Form stichpunktartig fest.
- Lesen Sie nun die Erläuterungen zu jeder Antwortalternative durch und vergleichen diese mit Ihren eigenen Begründungen.

■ Bedeutungen

Erläuterung zu a):
In der Tat überrascht Herr Ruprecht die englischen Gäste mit seinem selbstbewussten und dynamischen Auftreten. Dies jedoch mit einer generellen Reserviertheit der Engländer zu erklären, ist zu allgemein und versperrt den Blick für eine Reihe von Aspekten, die diese Situation bestimmen.

Erläuterung zu b):
Selbst wenn Engländer gegenüber Neuankömmlingen und Fremden nicht ganz so aufgeschlossen sind wie Amerikaner, so herrscht auf der Insel dennoch die Tendenz vor, die Distanz zu Fremden zu reduzieren (Kulturstandard *Interpersonale Distanzreduzierung*). Man geht also auf »neue Gesichter« in einer Gruppe zu, versucht mit ihnen ins Gespräch zu kommen und sie zu integrieren. Dies hat Herr Ruprecht nach der Begrüßung sicher ebenfalls erfahren. Das Verhalten der Engländer hat hier also nichts damit zu tun, dass es Neulinge in England besonders schwer haben, sondern bezieht sich allein auf die Art der Begrüßung.

Erläuterung zu c):
Es ist in England absolut unüblich, sich in informellem Rahmen mit Händedruck und Familiennamen vorzustellen, selbst wenn man die Leute zum ersten Mal trifft. Hände werden nur bei offiziellen Veranstaltungen geschüttelt, oder wenn man jemandem offiziell vorgestellt wird. So wirkt Herrn Ruprechts Verhalten auf Briten ziemlich steif, distanziert und deplatziert – gar nicht im Stil einer britischen Kontaktaufnahme bei solch einem Anlass,

der eher betont ungezwungen, ja fast lässig ausfällt. Jedoch wissen viele Briten um die kontinentale und amerikanische Leidenschaft des Händeschüttelns und sind deswegen oft nicht zu sehr überrascht, wenn man ihnen die Hand entgegenstreckt.

Erläuterung zu d):
Wenn man den Auftritt Herrn Ruprechts betrachtet, wie er auf die anderen zugeht, ihnen die Hand entgegenstreckt und sich vorstellt, dann lässt sich das schwerlich mit der im Kulturstandard *Selbstdisziplin* beschriebenen Zurückhaltung in Einklang bringen. In England läuft man mit solch einem Verhalten Gefahr, als »a bit too self-assured«, ein bisschen zu selbstsicher, beurteilt zu werden. Im ungünstigsten Fall kann man damit sogar als »Wichtigtuer« oder »aufdringlich« eingestuft werden. Briten mögen es vielmehr, wenn man sich möglichst beiläufig zu integrieren versteht, ohne besonders die Aufmerksamkeit auf sich zu lenken – selbst wenn das hier gar nicht Herrn Ruprechts Absicht war. Am besten wäre es, die Begrüßung auf ein »Hi« oder »Cheers« zu reduzieren und sich gleich in ein Gespräch zu stürzen, in dessen Verlauf man dann ja Namen austauschen kann.

◼ Kurze Zusammenfassung

◼ Selbstdisziplin

– Emotionskontrolle,
– Haltung bewahren,
– Zurückhaltung in Bezug auf eigene Leistungen.

◼ Indirektheit interpersonaler Kommunikation

– besonderer Schutz der Privatsphäre,
– Indirektheit beim Äußern von Kritik,
– Diskussionskultur, die weniger auf Konfrontation, sondern auf Einigung und Kompromiss ausgerichtet ist.

◼ Ritualisierung

– starke Identifikation mit der eigenen Gruppe,
– Symbole und Rituale als verbindende Elemente in der Gesellschaft.

◼ Pragmatismus

– Abneigung gegen theoretische Planung, lieber »durchwursteln«,
– mehr Kontakt zwischen Mitarbeitern und Führungskraft ist erforderlich, da häufige Neujustierung nötig,
– ausgeprägte Kompromissbereitschaft als Form des Krisenmanagements,

- Berufung auf gesunden Menschenverstand hat mehr Gewicht, als sich auf wissenschaftliche Theorien zu beziehen,
- »down to earth«.

■ Ritualisierte Regelverletzung

- teilweise sehr freimütiger Umgang mit intimen Themen,
- überraschender Bruch mit der sonstigen Selbstdisziplin,
- Humor, Ironie und Sarkasmus als Mittel der Regelverletzung.

■ Interpersonale Distanzreduzierung

- Small Talk als Mittel der Distanzreduzierung,
- Privatsphäre bleibt lange ausgespart,
- nicht alles ist wörtlich gemeint,
- Gespräch mit Fremden gebietet allein die Höflichkeit,
- britische Freundlichkeit ähnelt deutscher Freundschaftlichkeit.

■ Deutschlandstereotyp

- Krieg bedingt tiefes Misstrauen Deutschen gegenüber,
- Vorstellung von Deutschen als humorlos, arrogant und besserwisserisch,
- Deutsche als Volk der Grübler,
- langsamer Wandel hin zu positiverem Deutschenbild,
- Humor als Brückenfunktion.

■ Schlussbemerkung

Mit Hilfe von Kulturstandards lässt sich die Vielschichtigkeit einer Kultur beschreiben und in ein erlernbares Format bringen. Dies muss bei der Interpretation und Verwendung des hier vorgelegten Trainingsprogramms, das den empirisch ermittelten britischen Kulturstandards folgt, berücksichtigt werden.

Nicht alle Briten sind also im gleichen Maße höflich und kontrolliert im Ausdruck ihrer Emotionen, und man wird als Deutscher auch nicht überall mit Deutschlandstereotypen konfrontiert werden. Die Bandbreite der Verhaltensweisen bei Briten ist ebenso wie bei Deutschen durch persönliche Erfahrungen, Schichtzugehörigkeit, Lebensraum, Alter und andere Merkmale geprägt. Den Rahmen dafür bilden allerdings die im jeweiligen Kulturraum gültigen Regeln und Normen, die in diesem Training in Form von Kulturstandards beschrieben sind.

Deswegen sind die hier vermittelten britischen Normen als ein zusammenhängendes System zu begreifen, welches nicht mechanisch und automatisch zum Verstehen individuellen Verhaltens verwendet werden sollte. Nutzen Sie die Kulturstandards als Gerüst, das Sie mit eigenen Erfahrungen füllen und verfeinern können.

Darüber hinaus ist bei der Interpretation der britischen Kulturstandards zu bedenken, dass zu den individuellen Erfahrungen eines Briten auch sein Wissen um die deutsche Kultur gehören kann. Dieses Wissen, sei es durch häufigen Kontakt (Tourismusregion) oder über Medien erworben, beeinflusst ebenfalls das Verhalten des Gegenübers und kann dazu führen, dass er oder sie sich nicht mehr nur im Rahmen britischer Normen bewegt. Oft genügt es zu erkennen, dass die andere Person einer anderen Kultur angehört, um im eigenen Benehmen vom sonst Üblichen abzuweichen. Man denke nur daran, wie oft türkische Mitbürger von Deutschen in »gebrochenem« Deutsch angesprochen werden – sozusagen als vorweggenommene Anpassung an deren vermutetes Sprachverständnis.

■ Literaturempfehlungen

Nigel Barley (1995): *Traurige Insulaner. Als Ethnologe bei den Engländern.* Stuttgart: Klett-Cotta (170 Seiten).
Ein Ethnologe beschreibt Briten aus der Perspektive, die sonst zivilisationsfernen Völkern zuteil wird. Das Buch bietet amüsante, aber auch sehr erhellende Einsichten.

Kate Fox (2004): *Watching the English. The hidden rules of English behaviour.* London: Hodder.
Aktueller Überblick über »Englishness« berücksichtigt auch aktuelle Veränderungen. Vor allem geeignet, wenn man sich einen tieferen Einblick in das Alltagsverhalten verschaffen will, Fokus liegt nicht auf dem Arbeitsleben.

Hans-Dieter Gelfert (1995): *Typisch englisch: Wie die Briten wurden was sie sind.* München: Beck.
Ein Anglist beleuchtet englische Charakterzüge und deren historische Entwicklung; sehr umfassend, detailliert und unterhaltsam geschrieben – absolut empfehlenswert! Umfangreiches kommentiertes Literaturverzeichnis.

Theodor Haller (1988): *Unbekannter Nachbar England.* Stuttgart: AT Verlag.
Vermittelt einen ausgezeichneten Einblick in englische Weltanschauungen und Ideologien seit dem Mittelalter und deckt die Unterschiede zu Deutschland auf. Der Inhalt ist nicht so sehr auf individuelles Verhalten bezogen, sondern bietet in einem essayhaften Stil einen Überblick über englische Politik-, Sozial- und Geistesgeschichte. Das Buch ist leider nicht mehr im Handel, aber in gutsortierten Bibliotheken erhältlich.

Thomas Kielinger (1996): *Die Kreuzung und der Kreisverkehr.* Bonn: Bouvier.

Unterhaltsames Buch über Gemeinsames und Trennendes zwischen Briten und Deutschen. Viele amüsante und interessante Anekdoten, jedoch kaum hilfreich für den Umgang mit Menschen von der Insel.

Katrin Koll Prakoonwit (2013): *Alltag in Großbritannien.* Meerbusch: Conbook-Verlag.
Das Buch für Personen, die in Großbritannien leben werden. Voll gepackt mit Details zu allen Lebensfragen.

Werner Lansburgh (1977): *Dear Doosie. Eine Liebesgeschichte in Briefen. Auch eine Möglichkeit, sein Englisch spielend aufzufrischen.* Frankfurt a. M.: Fischer.
Herrliche Art, sein Englisch wiederzubeleben, und ganz nebenbei lernt man eine ganze Menge über England, die Briten, englische Anzüglichkeiten und anderes. Empfehlenswert.

Antony Maill (1997): *Die Engländer pauschal.* Frankfurt a. M.: Fischer.
Ein kleines, etwas boshaftes Buch über die Besonderheiten der Briten. Sicherlich keine wissenschaftliche Abhandlung, aber sehr nahe am alltäglichen Leben und überaus unterhaltsam zu lesen. Bestseller in England! Interessant ist auch der Guide für Deutschland, um die englische Sicht der Deutschen kennenzulernen – aber Vorsicht, die ist nicht gerade idealisierend.

George Mikes (1966): *How to be an alien. A handbook for beginners and more advanced pupils.* London: Andre Deutsch.
Das sicherlich am häufigsten zitierte Buch über den englischen Charakter. Aus der Sicht eines ungarischen Einwanderers, der scharfsinnig und spitzzüngig über die Briten schreibt. Mehrmals neu aufgelegt. »A must!« Die Vielzahl (schlechterer) Nachfolgebände kann man sich hingegen sparen.

Karl Philipp Moritz (2000): *Reisen eines Deutschen in England.* Frankfurt: Insel Verlag.
Briefe eines Deutschen, der im Jahre 1782 England bereist. Authentische Schilderung eines Kulturschocks und viele amüsante Anekdoten, die einem die Insel näherbringen. Übrigens schon damals war der englische Kaffee gefürchtet.

Richard Münch (1993): *Die Kultur der Moderne. Bd. 1 Ihre*

Grundlagen und ihre Entwicklung in England und Amerika. Frankfurt a. M.: Suhrkamp.

Gibt ähnlich wie Haller einen Überblick der englischen Geistesgeschichte und Werthaltungen; jedoch anstrengender zu lesen. Sehr umfassend und fundiert.

Jeremy Paxman (1999): *The English – a portrait of a people.* London: Penguin Books.

Englischer Journalist schreibt über gegenwärtige Veränderungen in der englischen Gesellschaft in Zusammenhang mit Globalisierung und zunehmender Selbstständigkeit Schottlands und Wales'. Leidenschaftliche und scharfsinnige Auseinandersetzung mit dem, was der Autor »the English identity« nennt. Ansichten, die in mancher Hinsicht von anderen Autoren abweichen und Deutsche zum Perspektivenwechsel zwingt.

Alexander Thomas (Hg.) (1996): *Psychologie interkulturellen Handelns.* Göttingen: Hogrefe.

Standardwerk zu interkulturellem Lernen und Kontakt zwischen Kulturen; liefert umfassende Informationen sowohl zur Theorie und Forschung als auch zur Praxis interkulturellen Handelns. Wer sich intensiver mit der interkulturellen Thematik beschäftigt, sollte auf dieses Buch nicht verzichten.

Zum Weiterlesen empfohlen

Sylvia Schroll-Machl
Beruflich in Babylon
Das interkulturelle Einmaleins
weltweit

Mit einem Vorwort von Alexander
Thomas.
2016. 264 Seiten, mit 36 Cartoons
von Jörg Plannerer und 3 Tabellen,
Paperback
ISBN 978-3-525-49159-1

Wie verhält man sich als Deutscher, wenn es einen beruflich
ins Ausland verschlägt? Es ist
unabdingbar zu wissen, was
wir in unserem Handeln wo
beachten sollten, um uns kul-
turadäquat zu benehmen und
damit effektiver zu sein. Von
zahlreichen Cartoons begleitet
gibt Sylvia Schroll-Machl eine
erste fundierte Orientierung
und verrät, in welcher Richtung wir unser Verhalten und
unsere professionellen Selbst-
verständlichkeiten in welchen
Regionen dieser Welt justieren
und adaptieren müssen, um
nicht als Alien zu gelten.

Auch als eBooks erhältlich!

Sylvia Schroll-Machl
**Die Deutschen
– Wir Deutsche**
Fremdwahrnehmung und
Selbstsicht im Berufsleben

4. Auflage 2013. 227 Seiten, mit
9 Abb. und einer Tabelle, kartoniert
ISBN 978-3-525-46164-8

Sylvia Schroll-Machls Thema
sind deutsche Kulturstandards:
empirisch ermittelt, systema-
tisch dargestellt, mit einem
Augenzwinkern aufbereitet.
Ihre Zielgruppen sind Deutsche
und Ausländer, die beruflich mit
Deutschen zu tun haben. Ihr Ziel
ist es, das gegenseitige Verständnis zu fördern und den Umgang
miteinander zu erleichtern.

»Lesenswertes, klar struktu-
riertes Buch für alle, die im
Berufsleben mit Menschen
verschiedener Nationalitäten zu
tun haben. [...] Sehr empfehlenswert.« *travel.one*

Auch auf Englisch erhältlich:
Sylvia Schroll-Machl
Doing Business with Germans
Their Perception, Our Perception
5th Edition 2013. 221 pages with 10
figures and 1 table, paperback
ISBN 978-3-525-46167-9

Verlagsgruppe Vandenhoeck & Ruprecht | V&R **unipress**

www.v-r.de

Handlungskompetenz im Ausland
Herausgegeben von Alexander Thomas

Die wissenschaftlich fundierten Trainingsprogramme sensibilisieren für die Kultur des jeweiligen Gastlandes und sind anschaulich geschrieben. Mit ihren konkreten Kommunikationsbeispielen wenden sie sich an alle, die sich auf einen beruflichen Auslandsaufenthalt vorbereiten wollen.

Denn nur wer die Verhaltensweisen aus der Perspektive von Mitgliedern der anderen Kultur interpretieren kann, ist in der Lage, sein Gegenüber zu verstehen und angemessen zu handeln.

In der Reihe sind zu folgenden Ländern Trainingsprogramme erschienen:
Arabische Golfstaaten, Argentinien, Australien, Bolivien, Brasilien, Bulgarien, Chile, China, Frankreich, Griechenland, Großbritannien, Indien, Indonesien, Irland, Israel, Italien, Japan, Kanada, Kenia und Tansania, Malaysia, Mexiko, Niederlande, Norwegen, Österreich, Peru, Polen, Rumänien, Russland, Schweiz, Slowakei, Spanien, Südafrika, Südkorea, Thailand, Tschechien, Türkei, Ungarn, Ukraine, USA, Vietnam.

Mehr Informationen zur Reihe und zu unserem Programm finden Sie unter **www.v-r.de**

Hier können Sie auch versandkostenfrei bestellen (D, A, CH) und eBooks erwerben. Wir bieten Ihnen außerdem umfangreiche Leseproben an!

Verlagsgruppe Vandenhoeck & Ruprecht | V&R **unipress**

www.v-r.de